"遊び心"で明るい学級

学級担任10のわざ

齋藤 修

高文研

はじめに

　私が教室に行くと、最初に出会うのがSくんです。彼は教室の入口で私を待っていて、「さいとう先生、おはようございます」と言いながら私に抱きついてきます。待っている子どもがいることに心が癒されます。そんなSくんをだっこして教室に入ると、まるで天下をとったかのようにSくんは両手を掲げて喜んでくれます。

　教室では五〜六人の子どもたちが、私が来るのを待ち構えていて、一斉に話し始めます。「順番にお話を聞くよ」と言うと、私が来る前に教室であった出来事を、まるで秘密でもあかすかのように知らせてくれる子、「日曜日に旅行に行ったんだよ」「お兄ちゃんとけんかしたんだ」など、家であったことを包み隠さず話してくれる子など、一人ひとりの話にうなずきながら、「よかったね」「たいへんだったね」と答えると、子どもたちは安心したように自分の席に戻っていきます。

　休み時間に子どもたちに誘われてドッジボールをすることがあります。そんなときに子どもたちは、「先生、赤チームに入って」「白チームに入って」と、私をどっちのチームに入れるかで争い始めるのです。たいした戦力にもならない私をめぐってジャンケンが始まり、入るチームが決まると、子どもたちから、「ヤッター」の大歓声。試合が始まると、私への集中攻撃が始まり、私を当てた子は、「先生に勝った」とチームの英雄です。

子どもたちは話を聴いてくれる教師、一緒に遊んでくれる教師が大好きです。そしていっしょに「楽しさ」をつくり出してくれる教師を子どもたちは信頼します。「楽しさ」が子どもと教師をつないでくれます。また、子ども同士をつないでくれます。

そこで、本書の第Ⅰ部は子どもとつながる、子ども同士をつなげるために学級担任に求められる指導のあり方を「10」のわざとしてまとめました。これらのわざが身に付いてくると、子どもたちとの向き合い方がずいぶん楽になってきます。これらのわざは、私がこれまで出会ってきた子どもたちとの関係から生まれたものです。本書を読まれた方は、さらに、指導のわざに磨きをかけてほしいと思っています。

第Ⅱ部は、これまでの教師生活の中で特に強く心に残った子どもたちの実践記録です。この子どもたちとの出会いは、私の教師としての生き方を大きく変えるものでした。重い課題を抱える子どもとの出会いは教師を成長させる大きなちからになります。そのためには、教師はそのような子どもたちから逃げずに、排除しないで誠実に向き合っていくことが大切です。教師の誠実さは、悩みや苦しみを喜びに転化してくれます。これらの実践が日頃の指導をふりかえる、ひとつのきっかけになってくれれば幸いです。

もくじ

カバー・本文イラスト …… 広中 建次
装丁・商業デザインセンター …… 増田 絵里

第Ⅰ部

学級担任に求められる「10」のわざ

1 学級分析・子ども分析

〔1〕子ども分析

＊学級びらき――呼名に添えるひと言メッセージ

学級担任になったとき、私が一番大事にしているのは始業式の日です。新しい学年がスタートし、担任も新しい先生に変わります。そのとき、子どもたちが先生に対してどんな印象を持ってくれたか、これがとても大事だと思うのです。

どの親も、この日だけは子どもが帰って来ると必ず、「どんな先生？」と聞きます。そのとき、合格できるような返事を子どもたちがしてくれるかどうか。「おもしろい先生だよォ！」とか、「今年は何とかがんばれそう」、そんなふうに子どもが答えてくれると、親も安心してくれますし、その後のつながりもうまくいきます。

そのためには、始業式をどう迎えるか、私はこの日に何とか学級びらきの時間を取りたいと思っています。低学年ですと、比較的時間に余裕があるのですが、高学年になると、次の日が入学式とかで会場準備に駆り出され、なかなか時間が確保できません。それで、六年生を持ったときは、いわゆる「一年生方式」で、各教科の教科書すべてと健康診断書などの書類を一セット揃え、各人の机の上に置いておきます。そして、子どもたちが教室に入ってきたら、「出席番号順にすわりなさい。教科書と配布書類はもう用意しておいたよ」と言って席につかせます。そうすることで、三〇分くらいですが、学級びらきの時間を確保することができます。

このとき、始業式が終わって二日後くらいだったと思うのですが、一人の女の子が、「先生、驚いた！」と言ったので、「何が？」と聞くと、「始業式が終わって教室に入ると、机の上に教科書やプリントが全部揃っているからびっくりした。あんなことされたの初めてだよ」って。「今までどうだったの？」と聞くと、「いつもは教科書を運んだり、プリント配りで終わっていた。始業式の日にゲームをやったのも初めて」と言うのです。

実際そうなんです。教科書だけで、国語、社会、算数、理科、音楽……その上、健康診断書など、配らなければいけない書類が束になるくらいあるのです。それを一人ひとりに配っていたら、とても学級びらきの時間など確保できません。その女の子の言葉から、子どもたちを丁寧に扱うということがどんなに大事かということを改めて感じました。

ところで、その学級びらきにあたって、私の場合、どんな準備をしておくかというと、一つは指導要録を見ておくということです。

学級びらきのプログラムはごく簡単で――
1、一人ひとりの呼名
2、教師の紹介
3、教師からのメッセージ
4、楽しいゲーム
それくらいで、あっという間に三〇分が過ぎてしまいます。その最初の呼名のとき、私は必ず一人ひとりに言葉をかけます。

「〇〇くんは、運動会のリレーで頑張ったんだってね」

「〇〇さんは、図工が得意なんだってね」

そういうひと言メッセージの情報源は指導要録です。指導要録は教師の引き継ぎ事項で、子どものいいところがいっぱい書いてあります。それを見て名簿にメモしておくと、一人ひとりに声をかける材料に困りません。それは、「みんなのいいところをこんなに知っているよ！」というメッセージになりますし、そうすることで、子どもたちとの最初のいい出会いをつくっていくことにつながります。子どもは、自分のことを知ろうとしてくれる先生が大好きです。

✻教師の紹介——教師の価値観を子どもに伝える

ところで、プログラムの二番目の「教師の紹介」ですが、ここでは、「先生って、こんな先生だよ！」ということを子どもたちに伝えていきます。私の場合、「先生はこういうときにほめる先生なんだよ」「こういうときにしかる先生なんだよ」ということを伝えます。これは必ず紙に書いて示すのですが、次のような内容です。

【先生がほめるとき】

(一) つらいことでもくじけず、最後までがんばったとき。
(二) 友だちのためにがまんできたとき。
(三) 友だちにやさしくできたとき。
(四) みんなの前で自分の考えをしっかり発表できたとき。

【先生がしかるとき】
(一) 物かくしをしたとき。
(二) 友だちの失敗やまちがいを笑ったとき。
(三) 仕事や学習でなまけ心に負けてさぼったとき。
(四) 友だちをたたいたり、悪口を言って悲しませたとき。

つまり教師の価値観を子どもたちに伝えるということです。特に中学年あたりは、自分の思いを言葉で表現するちからが十分に獲得されていないためにしばしば物かくしが起こります。一番困るのは靴かくしで、それも誰がやったかわからない。すると、学級の雰囲気が暗くなりますし、保護者も心配になります。「だからそんなことが起こったとき、先生はしかるよ」と伝えます。これは最初の日に言うから子どもたちの心に残るのです。これらはやがて、学級づくりのハシラになっていきます。

❇親の声を聞く――わが子のことを知ってほしい

子どもは、自分を知ろうとしてくれる教師を信頼します。様々な行動の「わけ」を聞いてくれる教師、「どうしたの?」「どうしたいの?」、そんな教師を信頼してくれるのではないかと思います。それは親も同じで、自分の子どもを大事にしてほしいし、何よりわが子のことを知ってほしいという強い願いを抱いています。そこで私は、始業式から三日目くらいに、次のようなお願いを記した用紙を保護者に渡します。

〈お子さんについて〉子どもへの指導は、まず一人ひとりのことを知ることから始まります。そこでこの用紙には、お子さんのことについてできる範囲での情報を頂ければと思います。よいところなどもたくさん書いてください。またこれまでのことで、印象に残っている出来事（生まれたときの喜びやたいへんだったこと、病気などで心配したこと）なども書いてください。こんな指導をしてほしいという担任への要望もお願いいたします。

――締切り4月23日。

このお願いに対して、書いてくるのは普通、五、六行かと思いますが、そうではありません。びっくりするほど親は書いてくれます。渡すのはA４判の用紙なのですが、この用紙に枠をはみ出すほどびっしり文章が綴られているのです。

二年生の学級にやや学習に困難なAくんという子がいました。足し算、引き算がなかなかできない。そのAくんについて、お母さんが面々と書いてくれたのです。

Aは生まれたとき、心臓に障がいがあって生後六カ月で手術をしました。今も一年に一回、ＣＴスキャンなどの検査をしていて、異常はないという結果をもらっているのですが、どうしても学習面、生活面で遅れがあり、仲間はずれにされたりして、一年生のときも友だちとケンカをして、学校に行きたくないということもありました。今でも連絡帳を書いてこなかったり、鉛筆をかじったり、身の回りの整頓ができず、シャツが出ていてもそのままだったりといったことが多々あります。「でも……」と、お母さんは次のように続けていました。

……こんな息子ですが、我が家にとってはかわいい男の子で宝物です。何かあればいつでも学校に行きます。もちろん悪いことをしたときには、私はすごく怒ります。先生も怒ってください。お友だちとケンカすることもありますが、本当は仲良くしたいのだと思います。本当にお世話になりますが、末永く宜しくお願いします。楽しい学校生活を送ってもらいたいです。この用紙があったことがうれしいです。感謝します。ありがとうございます。

このお母さんの文面から、Ａくんがお家でどんなに大切な存在かということが伝わってきます。それがわかると、Ａくんへの見方が変わってきますし、学習の遅れも、心臓に障がいを持って生まれてきたことが原因とわかれば、勉強でそんなに追いつめることもありません。つまり子どもとの出会い直しができるのです。

次も二年生のケースで、こんなお便りもありました。

Ｙは出産時に分娩停止状態になり、緊急帝王切開で生まれました。大きな産声を上げたときの気持ちは今も忘れられません。今回このような形で先生が子どものことを知ってくださろうとしているのがとてもうれしく思います。何故かというと、Ｙに直してもらいたい所として、お調子者で要領が悪い所があります。幼稚園生活で数人で騒いだりしても必ず最後にＹが見つかり、怒られるということが何度もありました。些細なことで怒られるようにもなり、そのＹを見て、「Ｙはバカだ、悪い子だ」と言う子もいて、かわいそうな思いをさせてしまったことがあったからです。

……でも、Ｙは仲良しの友だちが転園すると聞いたとき、クラスで一人だけ寂しくて泣いたり、祖父が亡くなったときも涙を流して別れを告げていました。三歳下の妹をとても可愛がり、年下の子にも優しく接してあげる所もあり、私は人を思いやる気持ちのＹが好きで大切にしてあげたいです。……幼稚園での苦い経験も踏まえ、自分だけでなく、周りをよく見ることができるようにご指導いただけたらと、先生にお願いいたします。

Ｙくんが抱えているこんな事情は、お母さんに伝えていただいて初めて知ることです。

Ｙくんは幼稚園で怒られ続けたことで、大人や教師への信頼感が十分に育てられてこなかったと思われます。クラスでのYくんは確かにいたずらすることが多く、Yくんが行動するたびにトラブルが起こります。しかし、Yくんのしかり方には工夫が必要です。まずはほめることでYくんとつながっていくようにしました。信頼関係のない人の声は届きません。私の声がYくんに届くためには、まず信頼関係を築いていくことだと、改めて考えさせられました。

❇子どもと遊ぶ

さらに、子ども理解の上で、欠かせないのは授業中と休み時間とで、子どもたちの関係性が大きく変化するということです。そのために**四月は、じっくりと子ども同士の関係を観察する時期です。授業中の子どもの様子だけでなく、休み時間の子どもの様子も、子どもたちと一緒に遊びながら観察します。**遊びをリードしている子、孤立しがちな子、一緒に行動している子などを発見していくのです。授業中活躍していても遊び集団の中で孤立していたり、逆に、勉強できなくて授業中だらんとしているけれど、休み時間になると、リーダーシップを発揮する子もいます。

Aくんは一年のときは登校しぶりだった子で、二年生になって元気が出てきたのですが、三年生になってからはなかなか勉強についていけません。ところが、休み時間になる

子どもと 遊びながら 観察する
4月
休み時間に子どもたちと遊びながら
子ども同士の関係をじっくり観察する
あの子！人気者だと思っていたのに…
子どもの世界に入っていくと全く違う世界が見えてくる
9月
もう一度子どもと遊ぶ時期は9月
夏休み明けは子どもが変化する時期だからです

と、子どもたちが「Aくん、遊ぼう！」と彼を誘うんです。放課後の遊びなどではグループ集団でリーダーです。授業ではよく泣くのに、何でこの子、こんなに魅力があるのだろう、飛び抜けてスポーツが得意なわけでもないしと、不思議だったのですが、よく見ていると、返す言葉がおもしろい、遊びでもおもしろい遊びを次々工夫する。そういう関係ができてくると、友だちがすすんで勉強を教えてくれるとか、励ましてくれる。そんなつながりがこの子の成長を助けてくれます。

逆に、もう一人は勉強がすごく

できる子です。授業中にユニークな発言をするので、人気があるのかなと思っていたら、休み時間はひとりぼっち。その子は運動が苦手なこともあって、なかなか集団の中に入っていけないのです。そんなふうに、子どもの世界に入って行くと、全く違う世界が見えてきます。

　そういうわけで、四月はできるだけ子どもと一緒に遊ぶのですが、**もう一度、意識的に子どもと遊ぶ時期は、夏休み明けの九月です。夏休み明けというのは子どもが変化する時期だからです。**子ども一人ひとりの変化と子ども同士の関係の変化をじっくりと見ていく必要を感じています。

　私は今、二年生を持っているのですが、この学年では週に二回、「みんなで遊ぶ日」というのを設けています。低学年ですと、「先生と遊ぶ日」というのを設けることもあります。この日は、教師がリーダーになって遊びをリードすることで、子どもたちにいろいろな遊びを伝えていくことができます。また、遊び方を教える機会にもなります。

　もう一つ、子どもを理解するという点で私が大事にしているのは、**困ったときは周りの子どもたちに聞く**ということです。特に重い課題を持っている子がいて、対応に困り果てたときなどは周りの子どもに聞くことです。子どもたちはだいたい保育園や幼稚園から一緒ですから、友だちのことはよく知っています。一年生のときも暴れていたとわかれば、

「ああ、二年生になって泣かなくなったんだ。すごいね」ということになります。子どもから聞くというのはとても大事なことだと思います。

「私のせいじゃないな」と安心しますし、幼稚園の頃、よく泣いていたと聞けば、

❇早めの家庭訪問——課題を抱えた子への対応

四年生を持ったとき、Bくんという子がいました。新学期が始まって三日目くらいから自分を出し始め、授業が始まっても教科書は出さないし、体を椅子に預けてダラーッとしている。友だちから「前、向けよ」とか、「教科書出せよ」と注意されると、返す言葉が「うっせえなあ、バカ！」と言って殴りかかるか、教室を飛び出して行くのです。

それを見て、どうしようかなあと思ったのですが、そういうとき、私がするのは**早めの家庭訪問**です。**そういう子とは、なかなかつながれない。**つながろうとしても時間がかかります。**しかし、親とはつながることができます。**

この子の場合、お家に行ってみると、家は母子家庭で、お母さんはダンプの運転手をして働いている。話を聞くと、お母さんは朝四時半に出なくてはいけないので、この子を一人残して家を出るというのです。じゃ、「朝食はどうするんですか」と聞くと、会社から六時半になると家に電話して「起きなさい」と指示する。それでBくんは起きて、お母さ

んが用意しておいた朝食を電子レンジでチンして食べて、一人で鍵を閉めて学校に行く。しかも食器などはちゃんと台所に持って行ってくれるといいます。

その話を聞いて、そんな大変な環境の中でBくんが生活していたのかということが初めてわかったのです。行くまでは、「これこれこういうことで大変なんですよ」ということを言おうと思っていたけれど、もうそんなことは言えなくなって、思わず、「お母さん、頑張っているじゃないですか」という言葉が出る。そうすると、お母さんもボロボロッと涙をこぼす。これまできっと、子どものことであれこれ苦情を言われ謝ることの連続で、孤立した中で子育てをしてきたに違いないのです。まして他人から「頑張っているね」などとほめられることもなかったと思うのです。

「家で一人で食事をして学校に来るなんて、Bくんもお母さんの仕事を助けているじゃないですか。うちの子どもなんか、絶対そんなことできないですよ」

そんな家庭訪問を二、三回繰り返す中で、あるとき、お母さんに聞きました。

「お母さん、Bくんをどうしたいと思っているの?」

するとお母さんは、

「私は高校を途中で辞めて卒業できなかった。そのため、就きたい仕事があっても就けなくてとても苦労した。だから、この子には何とか高校まで行って、卒業してもらいたい。

そういうちからをつけてほしい」と言うのです。
「わかった！　じゃあ、こうしよう。今学級では百マス計算でかけ算をやっています。その百マス計算を宿題にするから、お母さんはお家でその百マス計算だけ見てあげてください」

そうすると、学校でもやるし、家庭でもやるので少しずつ計算力がついてくる。そうなると、周りの子たちも「すごいね！」と言うし、子ども同士の関係もできて、やがて授業中教科書を出すようになる。Bくんもできるようになりたかった、みんなと一緒に勉強をしたかったのです。このBくんについては、このあと子ども同士がつながっていく感動的な展開があるのですが、それはともかく、こんなふうに親の援助がもらえたらずいぶん違います。

ですから、**課題を抱えている子に気がついたら、早めに家庭訪問して親とつながること。親から話を聞くことで、子どもの別な一面が見えて、その子との出会い直しができます。**また親も、こんな大変な中で九歳、一〇歳まで育ててきたわけですから、本当に頑張ってきたのです。わが子でもそうです。事故に遭わず元気で九歳、一〇歳まで育てるというのは大変なことです。その親の子育てをねぎらいながら、この子をどうしたいと思っているのか、その願いを聞きながら、いっしょに子どもの課題に取り組んでいく、そういうことが大切かなと思います。

〔2〕学級分析

❇学級の集団地図を描く――グループ化の厚いカベ

子どもたちが動き始めると、その子ども同士の関係性の中で、学級の動きが大きく変わっていきます。その学級を指導するためには、子ども分析と同時に学級分析がないと指導の目標が立てられません。

これまで述べたように、私は休み時間に子どもと遊んだり、子どもから状況を聞いたりしながらほぼ一カ月くらいかけて、集団地図を作ります。今、クラスにはどのようなグループがあるのか、そのグループの中では誰がリーダーで、子ども同士の関係は対等なのか、クラスに影響力があるのはどのグループで、グループとグループの関係性はどうなっているかなど。特にグループの関係に強く影響を受ける女子の関係はていねいに分析する必要がありますし、高学年になると、この集団地図を描かないと、学級の指導がうまくいきません。

転勤した初めての学校で、六年生のクラスを持ったときでした。この学年は、四年生のとき、一つのクラスで女子のいじめが深く進行し、不登校に追い込まれた子どもたちが数人いたということで、五年生のクラス編成では、いじめの中心になった子やいじめに関わった子を中心に編成されたクラスと、不登校になった子やいじめに関わりが少なかった子を中心に編成されたクラスに分けられたそうです。私が担任したのは、その後者のクラスでした。

ほぼ一カ月くらいして、子どもたちの世界が少しずつ見えてきました。その一つは、気遣いの中で生きる子どもたちの姿でした。

まだ、一二年間しか生きていない子どもたちが、なぜ、これほどまでに他者に気遣いながら生きているのか。自分の意見は言わない。発表しない。順番で発表させると同じ意見が続き深まらない。順番の決まっているスピーチはそれなりにするけれども、友だちのスピーチに質問することはなく、まして批判的な意見は口にしない。私の問いかけにも、短い返事で済ませるか、黙っているか、茶化すかで、対話を生み出すこともできません。

特に、女の子のカベが厚い。女子ははっきりと四つのグループに分かれていて、誰がどのグループに所属しているかについてはものすごく敏感で、そこから誰かが抜けたりすると、すぐさま、「先生、誰ちゃんがあのグループから抜けたんだって！　うちのグループ

に入れるかどうか考えてるの！」そんな情報が飛び交う。グループ同士が激しく対立することはないのですが、交流することはほとんどありません。

一方、男子はといえば、クラスの半分以上がサッカー部に属していて、その内の数人を頂点に学級が支配されている。

例えば給食時になると、その強い子たちの机にデザートが五〜六個集まる。「デザートをこんなに集めてどうするの？」と尋ねると、「みんなが勝手においていった」「くれなんて言っていない。みんなが嫌いだからぼくのところに持って来る」と言う。デザートをあげた子に聞いても「嫌いだからあげた」と言う。しかし、アンケートの中に数人の子が、「五年生のときからずっとあげている。あげないと仲間はずれにされるから断われない」と書いてきました。教師の見えないところで、彼らの力のルールが、クラスの裏ルールになっていたのです。

そんな中で、知的な遅れがみられる子、アスペルガー障がいの子、そして経済的に大変な家庭の子だけがいつも教室に取り残されて、三人への暴言や仲間外しが当たり前のように行われていたのです。

こういう学級に出会ったとき、教師はどんな指導をしていけばいいのか。教師の指導が子どもたちに受け入れられるようになるには何が必要なのでしょうか。

子どもたちはどの子もそうですが、自分を認めてもらいたいという思いを持っています。今担任している二年生などを見ていると、高学年のようにカベはないのですが、友だちの悪口を言って来る子がいます。

「先生、誰ちゃんが廊下走ってた」

「先生、誰くんが誰ちゃんを叩いて泣かせた」

特に、学習面で認められない子、力を発揮できない子にそういう傾向が強い。友だちを攻撃することによって、自分を認めてもらおうとする。その関係を組み替えてあげる、それが指導のねらいです。

グループであれば、そのカベを壊すのでなく、カベをどれだけ低くしてあげられるか。他のグループとの交流をどのようにしてつくってあげるか。子どもは本当はいろんなことに関わりたい。しかし、カベに阻まれて抜け出せない、身動きできないでいるのです。特にグループについては、解体、再編がありますから、場合によっては年に三、四回地図を作り直すことになります。そしてその地図がだんだん拡がっていく。そういうふうに子ども同士の関係をつくり変えていくのが指導のねらいです。

学級づくりがうまくいった高学年になると、その地図を子ども（主にリーダーの班長たち）と一緒に分析していきます。

「先生、今、こんなふうに学級が構成されているんじゃないの」

「誰ちゃんと誰ちゃんが今、ちょっと孤立しているみたい」……

そんなことが話し合えるのは、リーダーが育った一〇月くらいでしょうか。高学年になると、それが学級づくりの大きなちからになります。

2 初期管理・初期活動の提案

＊ルールをつくる

四月、学級が始まると決めなければならないことが沢山あります。授業のルール、掃除のルール、給食のルール、休み時間のルールなど。そうしたルールを学級の中にどのようにしてつくっていくか。私の場合、**ルールは強制するのでなく、子どもが起こす「事実」からルールをつくっていく**というのが原則です。

子どもは未熟ですし、至るところで失敗します。その失敗の中からルールを立ち上げていくのです。Ｄくんという子がいて、彼はいろんなところでトラブルを起こす。外に出ようとすると、友だちを押す。畑に水やりに行くと、友だちに水をかける。そこで、子どもたちに聞きます。

「友だちに押されるのはどうなの？　いいの？　いやなの？」

子どもたちは「いやだ！」「けがする」と言います。

「じゃあ、友だちを押してはいけないというのをクラスのルールにしていいですか？」

「いいでーす！」

そこで一つルールが生まれます。

水やりについても、子どもたちは水をかけられると濡れるからいやだと言う。そこで「畑で水をかけてはいけない」というルールが生まれる。本人も悪いとわかっているから、みんなに「いやだ」と言われると、「うーん」と納得する。**子どもたちが生活していく上で実際に体験した困ったことをルールにしていく**のです。

六年生のケースで、前に紹介しましたが、強い子のところにデザートが五、六個集まる。「どうしたの？」と聞くと、「うん、みんながくれるから」。決して取ったとは言わない。あげた子に聞くと、「うん、僕、嫌いだし……。○○くんが食べたいというからあげた」。こちらも取られたとは言わない。

しかしアンケートをとると、やっぱりいやだという声が聞こえてくる。そこで、取った取られたの関係で子どもたちを叱るのでなく、ルールとして、「食べたくないものは一度戻す。そしてお代わりは順番にする。今日は一班、明日は二班というように」。そうすることによって、デザートをあげなくてはいけないという関係は消えていきます。

ルールは「事実」をもとにつくる

さらに、そういうルールがあると、ルールを守らせるだけでなく、守れなかったとき、子どもに「どうして守れなかったのか」を問いかける材料になります。

「友だちを押してはいけない」というルールをつくったけれど、今でもDくんはそれを守れないときがあります。

「やってはいけないとわかっているのに、やっちゃうのはなぜだと思う？」

ルールを守らないことを責めるのでなく、「なぜ？」と問いかけるのです。子どもの行動の裏側を探る材料にしていくわけです。

Dくんの場合、彼は一人っ子です。友だちと遊びたいけど、「遊ぼう！」と呼びかける言語を持っていない。突然押すのも、水をかけるのも、友だちと関わりたいというメッセージなのです。そこで、彼にはみんなと一緒にできる遊びを提供する。彼の興味、関心があることで友だちとつながる通路をつくってあげるのです。そのことによって、彼は自分を閉じ込めていた閉鎖的空間から抜け出していくことができるのです。

ルールづくりで、もう一つ大切なことは、「クラスの半分以上が賛成すればルールを変えることができる」など、ルールを変えるためのルールをつくることです。このルールをつくっておくことで、子どもたちからルールを変えてほしいという要求が出やすくなっていきます。

＊マナーをつくる

ルールに加え、もう一つ、子どもたちといっしょにつくるのは「マナー」です。「友だちに挨拶してほしい子？」と聞くと、「してほしい！」と言います。そこで、「あいさつしよう」というのをマナーにします。

困ったとき、勉強を教えてもらった子に「どうだった？」と聞くと、「うれしかった」と言う。「じゃ、困ったときはヘルプと言って教えてもらうことをクラスのマナーにしていいですか？」。こうして、うちのクラスにはいま、

「あいさつしよう」

「守る」ではなく「すすんでする」マナー

「困った子がいたら、助けてあげよう」というマナーを紙に書いて貼ってあります。**守ることでなくて、すすんでしよう、それがマナーです。**だから二年生でも、とても挨拶が上手なのです。

特に私のクラスは、挨拶の前に必ず名前をつけようということになっていて、朝、先生に会うと「山田先生、おはようございます」。そう言われると、山田先生はいったん立ち止まらなければならない。ただの「おはようございます」では通り過ぎてしまうのですが、「○○先生」がつくと、先生も止まって「○○さん、おはよう」を返してくれます。ときには「元気だね」などと声をかけてもらえます。

子ども同士でも、もちろん、「太郎くん、

おはよう」「みどりちゃん、おはよう」。そして私が教室に行くと、ドアを開けたとたん、

「さいとう先生、おはようございます！」

そんなふうに言われると、とっても気持ちいいですよ。その瞬間、いやなことも忘れてしまいます。挨拶だけで教室が和やかになります。

＊ゲームを楽しめる心と身体をつくる

子どもたちとつくる活動という点で必要なのは「子どもたちの中に楽しさを感じ取れる心と身体を育ててあげる」ということです。

ゲーム一つでも、最初子どもたちはなかなか楽しめない。負けるといじける、すねる、泣く、ズルする、ズルした子を攻撃する。まず楽しめる心と身体をつくってあげないと、学級で何かするたびにトラブルが起きてしまいます。

私自身は、ちょっとした隙間の時間を使って、子どもたちにゲームをしてあげるのですが、そのとき必ず約束をします。

「これからゲームをするけど、負けてもすねたり、いじけたり、泣いたりしない？」

「しない！」

「ズルはしない？」

「しない！」

「負けた子を攻撃したりしない？」

「しない！」

そういう約束をして、ルールやマナーを子どもたちに教えながら、教師が中心（リーダー）になって、楽しいことを積み重ねていきます。楽しいことをするのですから、子どもたちも少々のわがままは我慢する。ちなみに、ゲームでリーダーシップがとれない教師は、授業でリーダーシップをとれるかというと、どうでしょうか。教師がゲームで身体を開けるということは大切なことですし、ゲームを通して教師が自分のリーダー性を鍛えていくということは大いにあると思います。

もちろん、楽しいことですから、子どもたちは教師の方を向いてくれます。例えばジャンケンゲームというのがありますが、これは子どもの目を教師に集中させます。そんなふうに、子どもを集中させる方法としても有効ですし、なぞなぞを出して、答えを班で相談させたりすれば、班会議の練習にもなります。

ゲームだけでなく、怖い話を読んで聞かせるとか、物づくりが得意な先生は子どもたちと一緒に物づくりに取り組む。小学校ですから、子どもたちには学校が楽しいところなのだと思ってもらいたい。得意技を持っている先生はいっぱいいるはずですから、まず教師が活動をつくり出していく。それが次に、子どもたちがつくり出していく活動につながっていきます。前に先生がやったゲームを今度は自分たちでやってみようといったことも生まれます。

「学校は勉強するところ」という固定観念から、「あ、学校って、ゲームもできるところなんだ」「学校って、怖い話も聞けるところなんだ」——そんなふうに、学校的価値観に風穴を開けていく、学校の新たなイメージを子どもたちの中につくり出してあげるということが大切かなと思います。

✻お誕生会

初期活動で私が大事にしているのはお誕生会です。これは、始めたら途中で辞めることができません。最後まで覚悟してやらないといけない。

お誕生会は二カ月に一回、最初は教師が原案をつくります（注・やがては子どもたち自身がつくる）。原案には、まず学級の様子を書きます。「みんなのがんばりで学級がずいぶん良くなってきたね。もっともっとお友だちと仲良くなるために、お誕生会をやろうと思います」などと。プログラムはごく簡単で、

■はじめのことば

■歌
■先生のゲーム
■みんなの得意技紹介
■プレゼント（お誕生日カード）
■お礼のことば
■終わりのことば

得意技紹介は全員がやることになっていて、何をやってもいいし、何人でやってもいい。二年生くらいだと、「え、これが得意技？」というようなのもあるのですが、「側転をやります」とか、ピアノを習っている子はオルガンを弾くとか。最近好評だったのは、バレエを習っている子が、隣の教室でレオタードに着替えて入ってきたのです。もうそれだけで子どもたちはわーっと拍手！　立ったり回ったり、ほんの数秒の発表だったのですが、本人も大満足、みんなも喜びました。

あと、学級の中には必ず人気者がいるのですが、二人でコンビを組んで、今はやっているお笑いをやったりする。「ゲストをお迎えします」とか言って、ゲストが出てきて三人でお笑いをして、みんなを楽しませてくれる。

このお誕生会のとき、私は必ず手品をします。手品とかゲームは、昔、教師になりたての頃、レクリエーション学校というのがあって、同僚三、四人と、千葉からわざわざ東京まで通って習いました。確か週一回、一年間通ったと思いますが、今考えるとよく時間があったなと思います。手品やゲームのほか、キャンプのやり方なども習いました。

ただ、そこで学んだのは、みんなを楽しませるレクであって、そのゲームを何のためにやるのかという意味づけはありませんでした。今、私たちが全生研（全国生活指導研究協議会）などで学んでいるのは、単に子どもたちを楽しませるゲームでなく、そのゲームを通して何をめざすのか。教師と子どもとをつないだり、子ども同士をつないだり、集団をつくるためのきっかけとしてのもので、いわゆる「集団遊び」と呼んでいるものです。レクとして習ったことを、子ども集団を形成していく導入の遊びとしてつくり変えていったわけです。

❇「学校は楽しいところ」と思える場所に

話がちょっと脱線しましたが、初期活動として、四年生くらいになると、忘れ物の取り組みとか、発言競争、朝学習の取り組みなどをします。が、そのとき、「忘れ物をゼロにしよう」とか、「全員が発言しよう」というふうに完璧主義にならないよう注意したいものです。目標を立てるとしたら、班で何人とか、クラスで何人とか。それが達成したら、お祝いの会をしよう、お祝い会の中身は子どもたちのやりたいもの。サッカーとかバスケットとか。セレモニー的でなく、カーニバル的なもの。そういうものを学級活動の中に入れていきます（注・お誕生会はセレモニー的、お祝い会はカーニバル的）。

とにかく**学校は楽しいところだと思える場所にしたいのです。それは自分たちで創り出していけるのだということをたくさん経験させたいのです。**かつて若いときは、学校で肝試しなどをやりました。体育館を真っ暗にして、脅し役がぬるっとするこんにゃくなどを用意して、ドキドキしながらみんながそこを一周してくるのです。児童会担当だったときは、全校で宝探しをしました。子どもたちは自由にグループを組んで宝物を探すのです。今は管理体制の厳しさや多忙化によって、なかなかそういうダイナミックな遊びができなくなってしまいました。とても残念なことです。

学校がそういう楽しさを創り出すことに子どもたちのエネルギーを使ったら、いじめ問題などなくなっていくと思うのです。実際、**学級も楽しいことが増えると、いじめなどに目がいかなくなっていくものです。**楽しさが子どもたちをつないでくれるからです。

❇「学級内クラブ」の三つの利点

少年期の子どもにとって、遊びを通して仲間をつくっていくというのはとても大切なことです。そこで、私が呼びかけるのは学級内クラブです。

ついこの間、二年生の子どもたちに提案したのはコマクラブです。コマを持って行ってやってみせたら、「やりたい！　やりたい！」と言う。「じゃあ、やりたい子でコマクラブをつくらないか」「いいよ」と言うので、「じゃあ、部長さん、誰がやってくれる？」「僕、やる」と言って、最初にコマクラブができました。

クラブをつくるには五つのルールがあります。

①三人以上集まったら、どんなクラブでもつくれます。
②出入りは自由です。やめたいと言った子に「ダメ！」と言ってはだめ。入りたいと言った子に「ダメ！」と言ってはだめ。
③部長、副部長などクラブのリーダーを決めます。
④リーダーを中心にクラブのポスターを作ります。ポスターにはクラブ名、やる日、やる時間、やること、クラブのルール、部員名を書きます。
⑤お金は使いません。必要なものがあったら先生に相談してください。

こうして学級の中にクラブができていきます。今、うちの学級にあるのは、キャラクタークラブ、縫い物クラブ、マンガクラブ、お笑いクラブ、冒険クラブ、図工クラブ……。休み時間になると、それぞれで集まって活動をしています。

キャラクタークラブは、キャラクターを描いてキャラクターコンクールをやりました。縫い物クラブの子たちは、針と糸を持ってきて一生懸命何か作っています。「縫ったものを欲しい人にプレゼントします」と言うので、「何をあげるの？」と聞いたら、「まだできていません」（笑）。お笑いクラブは、四、五人集まって、新しいギャグを考えるのだと張り切っています。

出入りは自由ですから、抜けて別のクラブに行ったり、また新しいクラブをつくったりする。自分たちでグループをつくったり壊したり、こういう体験が子どもたちにとても大事だと思うのです。それも誰ちゃんが好きだから、嫌いだからというのでなく、間に「物」が介在する。「物」を通して関わる、それが学級内クラブのいいところです。

二つ目は、誘われることの喜びです。新しくクラブをつくるときは、ポスターを描いてから提案するのですが、みんな自分のクラブを大きくしたいから、競って友だちを誘います。「○○ちゃん、入ろう！」、この、誘われることに対する喜び！　誘われることによって、今まで孤立していた子どもが集団に加わっていく大きなきっかけになります。

前に紹介した、ダンプの運転手のお母さんの話に出てきたBくんがそうでした。彼は暴

学級内クラブのいいところ
①「物」を通して関わる
コマクラブ
キャラクタークラブ
コンクールやろう
エヘン
どう
縫い物クラブ
欲しい人にプレゼントします
何を？
まだできていません
②誘われることの喜び
冒険クラブ
お笑いクラブ
マンガクラブ
マーくん入ろう
うん♡
Bくん入ろうおもしろいよ
えっぼく？
③自治の世界ができる
グループにはルールが必要になる
ルールをつくろう
トラブルは自分たちで解決する
自治の体験を身体で覚える

力をふるうから、当然クラスでは阻害され、排除されている。そのBくんが誘われるのです。

「Bくん、入ろうよ。うちのクラブ、おもしろいよ！」

しかし、彼はなかなか入らない。でもいろんな所から誘われるのがとても嬉しかったみたいです。

三つ目は、そこに小さいけれど、自治の世界ができるということです。友だちを誘う、グループをつくる、そこには当然ルールが必要になる。ルールをつくったら、守らなければならない。活動すれば、必ずトラブルが起きる。でも、自分たちがつくったクラブなので、そのトラブルを自分たちで解決しようとするのです。

昔、子どもたちが外でたくさん群れて遊んでいた時代はそういう体験が地域の中で自然にできたと思うのですが、いまはそんな環境が少なくなってしまいました。そこで、学級の中に意図的にそういう集団をつくり出して、自治の体験を身体で覚えてもらおうということになるでしょうか。

❇高学年は「会社」組織

学級内クラブは四年生以上になると、校内のクラブと区別するために、クラブと言わず「会社」という名称を使います。代表は「社長さん」、三人以下になったら倒産です。「今日、倒産しました」と報告がきたかと思うと、また新たに新しい会社がつくられる。

高学年になると、いろいろおもしろい会社が立ち上がってくるのですが、四年生で、比較的長続きした会社にアニメ会社があります。本を百冊つくろうという目標を立てて、社員たちがアニメを描いて一冊の本にする。それを学級のみんなに回す。そのときの社長さんはなかなかおもしろい子で、「百冊完成したら、社員旅行をやります」と宣言して、百冊できたときに本当に社員旅行をやったのです。土曜日、公民館を借りて、ジュースを用

高学年は「会社」組織
アニメ会社
会社でつくったキャラクターは僕に登録してください
使うときは社長の許可が必要です
えーっ
自由に使えないなんてイヤだ
独占反対!
自由に描きたい
第2アニメ会社
第2アニメ会社をつくったよ
僕たちの会社はキャラクターを自由に使えまーす
ぼくらも入れてーっ
合併しよう!
ときどき社長会議をやります
先生も入ってブレーキをかけたりチェックしたりします

意して、みんなは弁当持参で楽しく過ごしました。

あと、分裂した会社もありました。同じようなアニメ会社だったのですが、社長さんがキャラクターを独占したのです。

「会社でつくったキャラクターは僕に登録してください。使うときは社長の許可が必要です」

これに社員たちが反発。「自由に使っていいんじゃないか」。それで、組合をつくった。会議で話し合った結果、独自に会社をつくろうということになって、第二アニメ会社が誕生。「僕たちの会社はアニメのキャラクターを自由に使えます」と宣言したのです。そうなると、第一アニメ会社の方は人数が減ってしまい、残った子たちはぼくらも一緒にやりたいということで合併話が持ち上がってくる。

学級では、社長会議もときどきやります。もちろん、そこには私も入ります。中にはゲーム会社をつくりたいなどというのも出てくるので、「それはダメだよ」と、ブレーキをかけたり、チェックしたりする役割です。

繰り返しになりますが、**学級内クラブがいいのは、子どもたちが「文化」を通してつながっていくことです。**大人もそうですが、宴会で誰の隣りに座るかで、気が重くなります。しかし、テニスをやるということなら、知らない集団の中にも入っていけます。「もの」、それも「文化」を通してつながるということが、子どもたちをつなげる大きなちからになっていくのです。

3 ほめる

＊ほめる技術

教師が子どもたちに対し、リーダーシップを発揮するためには「ほめる」ということが一つ、重要なちからになっていくのではないかと思っています。われわれ大人もそうですが、ほめてくれる他者には信頼を寄せますし、**ほめるという行為は「きみを見捨てないよ」というメッセージを子どもに伝えていくこと**だと思っています。

ただ「ほめる」ということは教師にとってなかなかむずかしい。子どもは未熟ですから、さまざまな失敗や間違いをおかします。すると教師の身体はどうしても、そうしたマイナス面、失敗をしている子、間違いをしている子、指示に従わない子の方に向いてしまいがちなのですが、そうではなく、その中でルールを守っている子、友だちに思いやりを示している子に、心と身体を向けるようにしないと、ほめるということができないのではない

従わない子を叱責するのではなく ルールを守っている子に身体を向ける

三班を見てごらん
ルールを守って本を読んでいる
えらいね！

かと思います。

例えば、体育が終わって、「着替えたら、本を読んでいるんだよ」という指示をしたとします。ところが教室に行ってみると、半分以上の子がわいわいがやがやしている。その中でも指示に従って本を読んでいる子が数人いる。そういうとき、教師の身体がどっちに向くかというと、どうしてもがやがやしている方に向いて、「何してるの！」という注意になる。ないしはきつく叱責する。

そうではなく、逆の側、指示を守っている数人に身体を向けるようにしたいのです。そして、

「ほら、あの人たちを見てごらん。先生、体育の終わりになんて言った？　あの人た

ちは先生の指示をきちんと守って本を読んでいるんだよ。えらいね！」

授業の中でも同様です。聞いていない子を注意するのでなく、聞いている子の方に身体を向けながら、

「ほら、○○ちゃん、先生の話、聞いてるよ。姿勢がいいでしょ！」

聞いていない子でなく、聞いている子を評価しながら、子どもたちがその方向に行けるようにする。その子をモデルにしながら、子どもたちにあるべき姿を具体的に示してあげるのです。そのためには、教師の努力が必要です。

✻ほめ方の四段階

子どもをほめるとき、そのほめ方に、私は四段階あると思っています。

その第一段階はまず、**子どもができた行為を事実に即してほめる**ということです。授業の中で、「算数の問題、五問できたら持っておいで」と言います。で、一人ひとり見せに来たとき、「やったね！」「できたね。がんばったね！」と、きちんとやった事実を認めてほめる。そういう積み重ねが子どもにとって、自信と自己肯定感を育む大きなちからになっていきます。

ほめ方の第二段階は、**その行為の思いを教師が予想してクラスの子どもたちに伝えてあ**

げることです。怪我した子に「大丈夫？」と声をかけた子どもがいたとしたら、

「Aちゃんは B子ちゃんが怪我して、心配だったから『大丈夫？』って声かけたんだよね。この心配した〝心〟っていうのが、先生はとても大事だと思う。そういうAちゃんの〝心〟に、先生はとっても感動したよ。こういう〝心〟が持てるようになるといいね」

そんなふうに、行動の背景となった子どもの思いを教師が想像して代弁してあげるのです。教師が言語化することで、子どもは自分が取った行動を改めて確認することができますし、さらには自分の思いを言語化することにつながっていきます。

第三段階は、**その行為の思いを教師が語るのでなく、子ども自身に語らせること**です。

「Aちゃん、どうして『大丈夫？』って声かけたの？」

「だって、B子ちゃんが心配だったんだもん」

その思いを子どもが語れる（言語化できる）ように、教師が問いかけてあげる。これはなかなかむずかしくて、問いかけても子どもは自分がなぜそうしたか、言語化できなくて「わかんない」などと言うことも多いのですが、しかしそれも積み重ねです。

そして、B子ちゃんには、そのAちゃんの言葉を伝えてあげる。

「ほら、Aちゃんは、B子ちゃんのこと心配したんだって。Aちゃんの話聞いてどう思った？」

ほめ方の四段階

第一段階
子どもができた行為を事実に即してほめる
算数の問題五問できたら持っておいで
算数
できたね！がんばったね
第二段階
その行為の思いを教師が予想してクラスの子どもたちに伝えてあげる
大丈夫？
Aちゃんは B子ちゃんがケガして心配だったから「大丈夫？」って声をかけたんだね
この心配した〝心〟が大事だと思う
第三段階
その行為を子ども自身に語らせる
Aちゃん どうして声かけたの？
だって B子ちゃんが心配だったんだもん
Aちゃんの話聞いてどう思った？
うれしかった
ほら B子ちゃん うれしかったんだってよ
第四段階
その行為の背景をクラスの子どもたちで話し合う
Aちゃんが B子ちゃんにしてあげた行為をどう思う？
心配したんだと思う
友達だから声をかけてあげたんだと思う

「うれしかった」

「ほら、B子ちゃん、うれしかったんだってよ」

と、もう一度、B子ちゃんの思いをAちゃんに伝える。そうすると、二人はニコッと顔を見合わせます。

そんなふうに、教師が思いと思いを仲介しながらつなげてあげます。

さらに**第四段階**は、**その行為の背景をクラスの子どもたちで話し合うこと**です。

「Aちゃんが B子ちゃんにしてあげた行為をどう思う？」

「心配したんだと思う」

「友だちだから声をかけてあげたんだと思う」

「そうだよね。友だちに何かあったとき、みんなもそんなふうに気づかってあげられたらいいね」

そんなふうに、クラス全員に問いかけていくことで、子どもたちも一人の子どもが取った行為・行動から〝思い〟を学んでいく。そしてそれがやがて学級のマナーになったりすれば、大きな価値が学級に生まれるわけです。

教師もこんなほめ方ができるように努力したいものです。

＊「ほめほめカード」と「やさしさ貯金」

繰り返しになりますが、今担任している二年生で当初、友だちの悪い面を言ってくることで自分を認めてもらおうという子が何人もいたと述べました。

「先生、○○くんが殴った」

「○○くんが廊下走ってたよ」……。

号令係が号令をかけるときも、「○○くん、姿勢を良くしてください」とか、「○○さん、鉛筆しまってください」、一つ一つ細かいことを注意するので、なかなか授業が始まりません。そこで「注意するのはもうやめよう。それより友だちのいいところをほめてから、やった方が気持ちいいよ」と言ったら、「一班がいいです」とか、「○○くんがいいです」と号令係もほめてスタートするようになりました。すると、まねする子もいるので、その方がずっと教育的効果が高い。それに、授業が気持ちよく始められるのです。

これまでよくやったのは、学級で「ほめほめカード」をつくって、うれしいことをされたらそのカードに書いて帰りの会で報告するという取り組みでした。今やっているのは「やさしさ貯金」というもので、教室の後ろに「やさしさいっぱいの木」というのを作ってあるのですが、友だちにやさしいことをされたら、その木にりんごの実のシールを貼っ

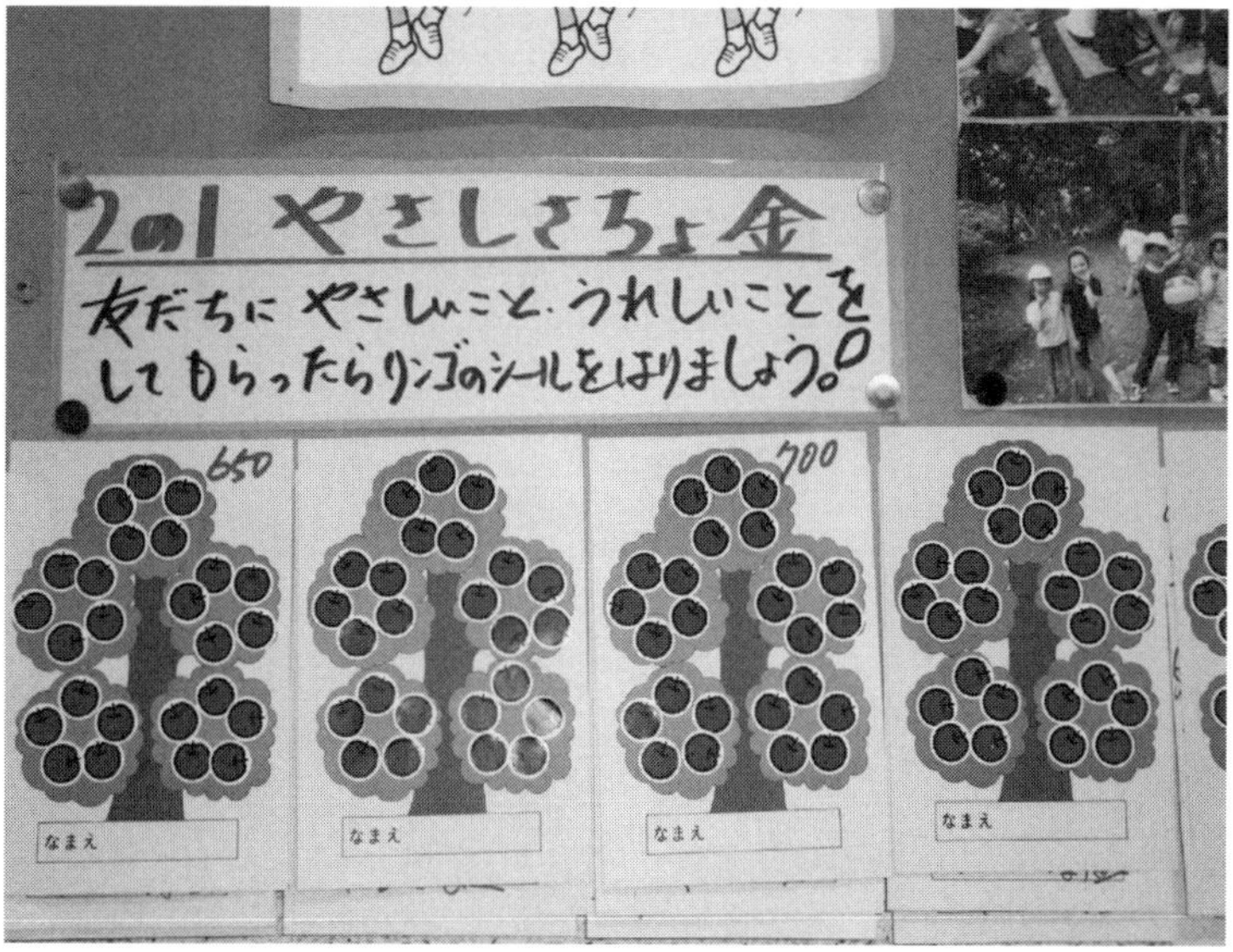

やさしいことをされたら、りんごの実のシールを貼っていく。１本の木がいっぱいになったら次の木に。10 月末現在、りんごシールは 700 個に！

ていく。これは、自分が人にやさしくされたということを自覚させるという意味もあります。

「やさしいことをされたら覚えていて、またそのやさしさを人に返すんだと思って、シールを貼るんだよ」と子どもたちに伝えます。

やさしくされた中身は「水筒を持って来てくれた」とか、「ドッジボールのとき、ボールを貸してくれた」とか、「算数を教えてくれた」など、単純なことなのですが、子どもたちはやさしくされたんだ、やさしくしてくれる友だちがいるんだということで、嫌なことがあっても我慢できる力がついていく。さらに、「注意し合う」という関係から「認め合う」という関係がつくられていきます。今一〇月後半ですが、りんごシールは七〇〇個になりました。

ただ高学年になると、ほめ方もむずかしくなります。ほめるときは個人をほめないこと。個人をほめると、その子が浮き上がってしまいます。「これこれこういうふうになったのは、きっと班が良かったんだな」とか、「もしかしたら、先生がよかったのかな」（笑）など、その周りの集団を一緒にほめる。何しろ気遣いの集団ですから、中には「僕のことをみんなの前でほめないでください」と言って来る子もいます。高学年には配慮が必要です。

＊「友だちのいいところみつけカード」

もう一つ、子ども同士ほめ合う関係をつくり出すということで、ずっとやっているのが「友だちのいいところみつけカード」です。私の学級では必ず班をつくるのですが、その班は二カ月に一回班替えをします。その班替えのとき、

「二カ月間、一緒に生活したんだから嫌なことや腹が立つこともいっぱいあったと思うけど、お世話になったり、あの子すごいなあと思うこともたくさんあったと思う。今日はそのことをいっぱい書いてほしい。それが友だち理解につながるし、書くことで人を見る目がついていく。それが他者理解、ひいては相互理解ということにつながっていくんだよ」

そう言って、六年生に書いてもらいました。一枚の用紙に六つの枠があって、一番下に「お家の人から一言メッセージ」という欄（次頁参照）があります。班員が六人いたら五人に書いてもらい、最後に自分のところに戻ってきます。

ある班にPくんという知的障がいを抱えた子がいました。四月の頃はクラスメートにもバカにされ、図書室に行っても自分が座るところがわからなかったりするので、女の子から「P、どこにすわってるんだよ！」などと罵声を浴びたり、休み時間もほとんど孤立状態で、一人で教室に残っている子でした。そのPくんが、二カ月間の班活動を経験して、この「友だちのいいところみつけカード」を班の友だちに書いてもらいました。すると、このカードが自分に返って来たとき、突然泣き出したのです。

「どうしたの？　Pくん」と聞いたら、

「うれしい、うれしい。こんなに友だちにほめられたの、はじめてだもん」

って、言うんです。見ると、

《そうじとってもねっしんにやっていました。あと算数プリントをやるのは少しおそいけど、ちゃんとやっていました。》

《最近宿題をがんばってきているし、まわりのみんなを楽しませてくれて、勉強も途中であきらめずにがんばっていました。》

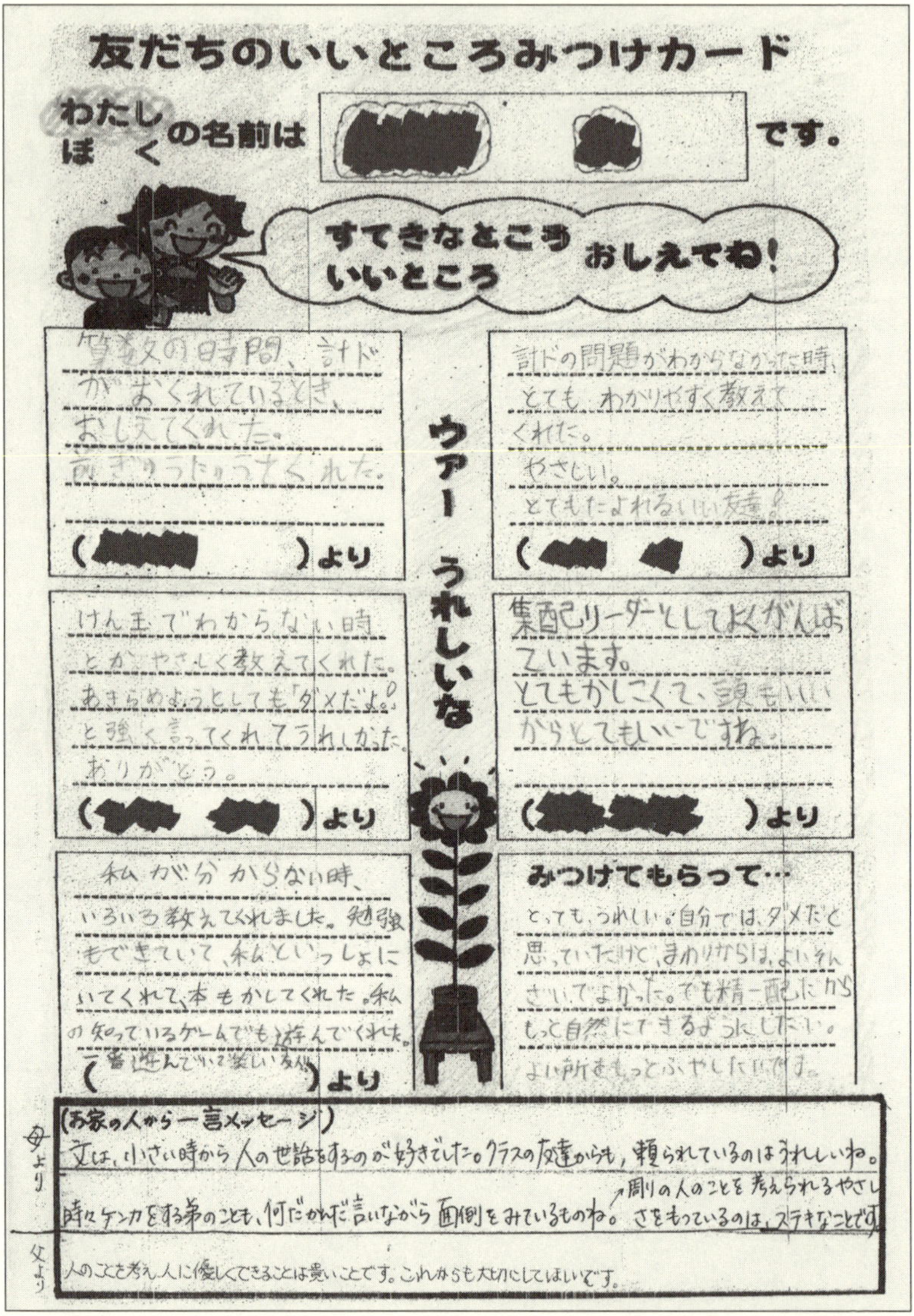
友だちのいいところみつけカード
わたし ぼく の名前は [redacted] です。
すてきなところ いいところ おしえてね！
算数の時間、計ドがおくれているとき、おしえてくれた。前ぎりうたのうたくれた。
（[redacted]）より
計ドの問題がわからなかった時、とても わかりやすく教えてくれた。やさしい。とてもたよれるいい友達！
（[redacted]）より
ウァー うれしいな
けん玉でわからない時とかやさしく教えてくれた。あきらめようとしても「ダメだよ。」と強く言ってくれてうれしかった。ありがとう。
（[redacted]）より
集配リーダーとしてよくがんばっています。とてもかしこくて、頭もいいからとてもいいですね。
（[redacted]）より
私が分からない時、いろいろ教えてくれました。勉強もできていて、私といっしょにいてくれて、本もかしてくれた。私の知っているゲームでも遊んでくれた。
（一番遊んでいて楽しい友）より
みつけてもらって…
とっても、うれしい。自分では、ダメだと思っていたけど、まわりからは、よいそんざいでよかった。でも精一配にだからもっと自然にできるようにしたい。よい所をもっとふやしたいです。
（お家の人から一言メッセージ）
母より 文は、小さい時から人の世話をするのが好きでした。クラスの友達からも、頼られているのはうれしいね。時々ケンカをする弟のことも、何だかんだ言いながら面倒をみているものね。周りの人のことを考えられるやさしさをもっているのは、ステキなことです。
父より 人のことを考え、人に優しくできることは良いことです。これからも大切にしてほしいです。

用紙に６つの枠があり、５人に「すてきなところ」を書いてもらい、最後に自分の感想を書く（「みつけてもらって」）。一番下は「お家の人から一言メッセージ」。

《いつも静かで人にやさしくてすごいと思います。いままで七年間一緒にいるけど、たぶん一番やさしいと思います。》

そんなふうにみんなが書いてくれている。そしてPくん自身も、

《ほんとうにうれしいです。僕のことをこんなに思ってくれてるなんてうれしいです。》

と綴っていました。

これは六年生ですが、二年生でもやります。このときも二人の子が泣きました。一人は、お笑いクラブのTくんで、おもしろい子なのですが、五時間目になるとよく居眠りをしている。そのTくんが鼻水をすすりあげて、

「先生、うれしい。ほめられてうれしい！」って。

もう一人は、心臓に障がいを持って生まれてきたと、お母さんが書いてきてくれたAくんでした。

こういう光景を見ると、子どもにとって、友だちからほめられる、それもまっとうにほめられるということがどんなにうれしいことなのか、その喜びが自己肯定感を育てるちからになっていくんだなあということを改めて感じます。

感心するのは二年生くらいでも、なかなか観察眼がするどい。これが二年生だろうかと思うような立派なメッセージもあります。

《私が元気じゃないときもなぐさめてくれて、私がはっぴょうでみんなに「えー！」って言われたときも「すごいね！」と言ってくれた。ありがとう。》
《テストを間違えて失敗してもぜったい笑わないし、反対にはげましてくれる。すすんでいろんなことにチャレンジしてる。足も速いし元気でいつでもやさしい。》
もちろん、「やさしいね」とか、「消しゴム貸してくれてありがとう」とか、そんな単純な記述もありますが、しかしそんなことでも、なかなか日常、面と向かっては言えません。お互いの思いを言語化できない、その口に出して言えないことを言語化していくという点でも、これはなかなかいい取り組みかなと思っています。

4 叱る

❇子どもに問い返す

子どもたちにとって、学校というところはやることすべてが初めてのことです。ですから、子どもというのは失敗するのが当たり前、できないのが当たり前、やらないのが当たり前なのです。そのため、失敗も数多くします。教師は忘れ物のこと、授業中の姿勢、私語、友だちへの悪口など、失敗を繰り返さないように、注意したり、叱ったりといったことは毎日、毎時間のようにあります。そんなとき、個人的に注意するしかないのか、手段はそれしかないのかと考えます。

私は、子どもというのは失敗から学んでいくものだ、友だちの失敗からどう学ぶかということがすごく大事だと思っています。ですから私は、子どもが失敗したとき、子どもたちに問い返します。

怒らないですむ方法は？
○○くんのやったことをどう思いますか？
直接注意するのでなく子どもの話し合いに返していく
間違っています
そんなことしたら危険だ
そうすることで他の子どもたちも学ぶことができる
子どもを呼んで注意するときは間にもう一人子どもを入れる
こういう話を聞いたけどどうなんだ
プイ
私も心配しているよ○○ちゃんどうなの？
教師に反抗的な子も班長さんの言葉には心を開き話をしてくれる

「○○くんのやったことをどう思いますか？」

そうすると、「そういうやり方は間違っている」とか、「そんなことをしたら危険じゃないか」とか、いろんな意見が出てきます。**教師が直接その子を注意するのではなく、子どもの話し合いに返していく。そうすることで、学級の他の子どもたちも学ぶことができます。**

例えば授業中、手紙が回っている。教師が見つけて中を見ると、悪口が書かれている。それを学級に返して、話し合いのテーマにすることで、子どもたちからいろんな意見が出てきます。

「そんな手紙が回っていると、自分のことが書かれているのではないかと心配になる」

「自分にだけ回ってこないと、仲間はずれにされたのではないかと不安だ」……。

そんな意見が出る中で、手紙のやりとりはやっぱりいやだ、しないようにしようということで、これが学級のルールになっていく。

問題を子どもたちに返していくというこのスタイルを身につけると、子どもたちを怒らなくてよくなります。「どう思う?」と子どもたちに返すことで、子どもたちが正しい答えを出してくれるのです。

もちろんそんな場面だけでなく、この件については、**子どもを呼んで注意しなければならないというときも**あります。そういうとき私がするのは、**間に必ずもう一人子どもを入れるということです。**それは、その子の班の班長さんだったり、その子の一番親しいお友だちであったり、その時どきで違うのですが、**そうするのは、子ども対教師の対立関係をつくらないためです。**

子どもを直接怒ると、どうしても反抗や対立を生み出すことになります。それは高学年になればなるほど難しい。そこで同じ子どもがそのことをどう思うか、第三者としての意見を直接その子に聞かせるためです。

四年生で、ある子が友だちの悪口を言っているというのを聞いて、その子を呼んで話を

注意は ほめて 終わる
○○くん 姿勢が 悪いよ ちゃんと しよう
指導の始まり
注意 されたけど よくなった
できるようになったね
指導が 終わる
力の支配、威圧は 指導では ない！
「怒鳴る・怒る」は 疲れる
そして 自分の心も 傷つく……
あんなこと 言うんじゃ なかった
言いすぎた……

聞いたことがあります。そのときは同じ班の班長さんに一緒に来てもらいました。「これこれこういう話を聞いたんだけど、どうなんだ？」と言ったら、付き添いの班長さんも、「私も聞いたけど、心配している。○○ちゃん、どうなの？」とやさしく口添えしてくれました。教師から言われることには反抗的なその子も、同じ班の班長さんから「どうなの？」と言われて、心が少し開いてポツポツと話をしてくれました。

＊注意はほめて終わる

怒ったことは子どもには伝わ

りません。「静かにしろー！」などと怒鳴る教師がいますが、**威圧は指導ではありません。**それしかないとき、ないしはそうせざるをえないとき、例えば、子どもが教室から身を乗り出して落ちそうなときは大声をあげますが、「強い指導」は指導ではありません。第一「怒鳴る・怒る」は疲れます。そして自分の心も傷つく。「怒鳴らない、怒らない」で子どもに入る指導をどう追求していくか、そういう指導のあり方を探っていくことが教師であり続けるための道だと思います。

なお「叱る」ということに関して念頭においてほしいのは**「注意はほめて終わる」**という原則です。叱ったりするということは、その子への指導が始まったということです。

例えば、「〇〇くん、姿勢が悪いよ、ちゃんとしよう」と注意したとします。そうしたら次は「直ったね」「よくなったね」とほめることで、その指導が初めて完結する。「注意されたけど、よくなった、できるようになったね」、そんなふうに、最後に子どもはほめられて終わる。それが叱るときの基本的なあり方であろうと思うのです。

5 授業の基本

✻教室での立ち位置、指示の出し方

教師は子どもたちの前に立ったときからリーダーシップを発揮しなければなりません。そのための話し方、声の大きさ、教室の中での立つ位置、指示の出し方、机間指導の仕方、声のかけ方など、教師としての基本的な指導の原則をしっかりと学んでいく必要があります。

まず、はじめに、**教師の立つ位置ですが、前は三カ所、後ろは一カ所が基本的な位置です。**授業中に**黒板の前に立つときには、発言する子どもと対角線上に立つ**ことが子どもたちの話し合いを成立させていきます。右側の子を指名したら、左側に立ちながら子どもの発表に耳を傾けます。子どもは教師の方に身体を向けて発表しがちです。そのために、教師は発言する子どもに近づかずに、間にできるだけ多くの子どもが入る位置に立つのです。

子どもが黒板の前で説明やスピーチをするときには、後方の真ん中で子どもたちを見守ります。このようにして、子どもが友だちの方に身体を向けて発言できるようにしていくのです。

次に、教師の指示の出し方ですが、具体的に、ゆっくりと、そして一指示一行動が原則です。低学年ですと「ノートに書きなさい」という指示の中には、ノートを出す、ノートを開く、鉛筆を持つという三つの行動が含まれています。ですから、ノートに書くという行動までに差が出てしまうのです。差ができるだけ出ないようにするためには、まず「ノートを出しなさい」。全員がノートを出したのを確認しながら、「ノートを開きなさい」「鉛筆を持ちなさい」「ノートに書きなさい」と、一つひとつの行動を確認しながら指示を出すようにしていきます。子どもたちがその一連の行動に慣れるに従って教師の言葉を削っていきます。

また、できる限り板書するか、紙に書くかなど視覚的な補助手段を活用していくことで、より効果的に指示を伝えていくことができます。さらに、指示の順番を伝え、ゴールを示すことで子どもたちは自分の行動に見通しを持つことができるのです。

二年生で子どもたちが畑でキュウリとナスの苗を植えるときがありました。そんなときには黒板に、次のように書き、子どもたちに読ませながら行動を確認します。

授業の基本

立つ位置（前は三ヵ所、後ろは一ヵ所）
大切なことは真ん中で話す
右側の子を指名したら左側に、発言する子どもと対角線上に立つ
子どもが黒板の前で説明するときは後方の真ん中で見守る
できる限り板書するか紙に書く
持って行く物
軍手
シャベル
ペットボトル
さらに指示の順番を伝えゴールを示す
机間指導は小さい声で、でもみんなに聞こえるように
できているね
なるほどね
立ち止まって指導する時間は三十秒以内

◆（持って行くものは）軍手、シャベル、ペットボトル。

◆（待ち方は）畑の前で班ごとにならんでまっている。

そして、さらに「もどってきたら」と書き、畑の苗植えが終わり、教室に戻ってきてからの行動を示しておきます。畑の前では、

◆うえ方　①ゆびが3本入るあなをほる。

②そこにペットボトルの水を入れる。

③水がひいてから、なえをそっとうえる。

④土をかける。

と紙に書いて、子どもたちに読ませながら確認します。

机間指導については、小さい声で、でもみんなに聞こえるように、「できているね」「すごいね」「なるほどね」等、こまめに声かけをしていくことが、周りの子どもたちのやる気に火をつけていきます。**一人ひとりへの個別指導を集団指導へと広げていく**のです。

また、**つまずいている子がいても、立ち止まって指導する時間は三〇秒以内**とします。教師の集中が全体から逸れて個人に移ってしまうと、集団の集中力も下がり、落ち着かなくなってしまいます。

もう一つ、机間指導で大切なことは指名計画を立てることです。授業は意見が分かれると盛り上がります。そこで、対立意見を見つけ出しながら、その後の授業構想を立てていくのです。

✻話し方

最後に教師の話し方ですが、**子どもたちに話をするときは、結論から述べることが原則**です。また、「今日はすばらしいことが三つありました。一つ目は……、二つ目は……」と数を明確にすることで、聞く側にとって話が焦点化され、聞きやすくなるのです。さらに、話の中に「　　」の会話文や音、数を多く取り入れて話すことで、聞く人をぐっと引きつけることができます。

「今日は先生に、とてもうれしかったことがありました。それはドッジボールをやっているときのことです。さとしくんが投げた強いボールが、あつしくんの顔にバーンと当たったんです。先生はこのあと『どうなるんだろう』とドキドキしながら見ていました。するとあつしくんはどうしたと思う？　四月のあつしくんなら、投げたさとしくんに泣きながら向かっていったと思うんだ。でも今日はちがった。歯を食いしばって涙をふきながらがんばったんだよ。くやしくて、くやしくて辛かったと思うけど、がまんできたんだよ。

先生はすごいなあ、成長したなあと思ったんだ」

そんなふうに話すと、子どもたちから自然に拍手が起こります。しかし、このようなときにあつしくんだけの成長をほめるのではなく、「大丈夫」「がんばれ」と声をかけて励ました子どもたちのことや、これまであつしくんを支え続けた子どもたちの成長をほめてあげると、子どもたちのつながりはさらに深まります。

また、**子どもたちに指示を出したり、発問するときには語尾は弱めるように話したいものです。**「ノートに書きましょう」「書きなさい」の「……ましょう」や「……なさい」は弱めます。「どうしたの」と子どもに尋ねるときの「の」も弱めて話します。**語尾を強めると命令的になり、子どもへの支配性を強めていきます。**特に主発問を言うときには、間を取って、子どもたちの顔を見渡しながらゆっくりと語尾を弱めながら話していきます。その他、表情のつけ方、簡潔・明瞭な話し方など教師であり続ける限り、そのわざを磨き続けていくことが必要です。

❇気になる教師のしゃべりすぎ

私が日頃から**気になっていることの一つは、「教師のしゃべりすぎ」**です。学級が崩れてくると教師の注意が増え、教師の話が長くなっていきます。言葉によって子どもたちを支配しようとする気持ちが強くなってきます。しかし支配は子どもを服従させるか、反抗を生み出していき、教師と子どもたちの関係をさらに断ち切っていきます。

授業でも教師対子どもの話す割合は、悪くても五対五、理想的には三対七にできるのが、授業として望ましい形かなと思います。

教師のしゃべりすぎという点で、ことに目につくのは、子どもの発言を復唱することです。「2たす3は5」と言ったとき、「あ、2たす3は5ね」と復唱する。**せっかく子どもが「こうだよ」と言っているのに、教師がそれを復唱してしまうために、子どもが子どもの話を聞こうとしなくなります。**子どもの中に「聞く」という姿勢が育っていかないし、子ども同士の関係が育ちません。

この間も若い先生の授業を見せてもらったのですが、子どもが「○○で○○です」と言うと、「そうだね。○○で○○ですって」と全部復唱して、それを黒板にまで書いていく。「なんで子どもにやらせないの？」と言ったのですが。

私の場合、子どもが発言したら、接続詞を入れてあげます。「そして」「それから」「なるほど、ほかには」「他の言い方では」——、すると子どもたちがどんどんつないでいってくれます。子どもたちが話をつないでいくためには友だちの話を聞く必要があります。

子どもが教師に説明するのではなく、子どもが子どもに説明することで、相互応答的な関

係をつくっていくのです。そうすることで教師の言葉は削られていきます。

また、授業中に「前向きなさい」「おしゃべりやめなさい」……そういった言葉を教師が何回も繰り返すことがありますが、私の場合、板目紙に「おしゃべり注意！」と書いておいたカードをサッと出す。それも、体は反対を向いたまま、おしゃべりをしている子の方へさっとカードを向ける。授業は途切れずたんたんと進みます。子どもは耳で聞くより、目で見る方がずっと効果があります。今、私が用意しているのは「ストップ！」と書いた一枚のカードだけです。

「うるさい」「やかましい」「静かに」「早くしなさい」……そういう毎日毎時間口をすっぱくして言う言葉を教師はどれだけ削れるか。ある教師はストップウォッチを片手に自分の話を一分以内に話す訓練をしたといいます。自分のしゃべりすぎを削いでいく努力は必要だなあと思います。

6 子どもと対話する

＊対話の四つの原則

教師の仕事は話すことではなく、聞くことが基本だと、私は思っています。

子どもから話を聞くときの基本の一つは、「黙って聞く」ということです。子どもの話は、何を言いたいのか、どうしたいのかがわかりにくい。そのために教師が口を挟み、子どもがしてほしいことを代弁してしまうことがあります。まずは、うなずき、オーム返しなどで子どもの話をつないでいくようにします。

二つ目は、その話につじつまが合わないことがあっても、その是非を途中で問わないことです。子どもの言語化の作業にじっくり付き合ってあげることです。

三つ目は、子どもの感情を受け入れてあげるということです。特に低学年ではそれが大事です。「○○くんに叩かれた」「階段から落とされそうになった」「ボールをぶつけられた」……。そんなとき、「痛かったね」「大変だったね」「大丈夫か？　強いね」。そんなふうに、感情を受け入れてあげれば、一、二年生の場合、問題の八割は解決します。先生に受け入れてもらえたということで、心が満足するのです。

そういう深刻な場面だけでなく、子どもが語りかけてくることは日常的に多々あります。例えば、子どもはよく石を拾ってきます。何故か石を拾うんですね。教師から見たらどうということもない石なのですが、「先生、きれいな石だよ！」。そのとき、「きれいだね！」と、きちんと顔を向けて感情を受けとめてあげる。冗談ですが、そのとき突っこまない方がいいですね。「どこから拾ってきたの？」なんて聞いたら、「先生、もっと持ってきてあげるね！」となりますから（笑）。

中学年になってくると、さらに対話の必要性が増していきます。

あるとき、Q男が女の子に向かって「ウルセエ！」と言って、靴を投げつけるということがありました。そして机を倒して大泣きしました。そこで、お昼休みにQ男を呼んで話を聞きました。泣いているときでなく、**話を聞くのは、落ち着いてクールダウンしたときというのが原則です。教師も自分が感情的になっているなあと思ったときには、子どもとの対話は避けるべきです。**教師もクールダウンが必要です。（教師も自分自身が感情的になっていると感じたときには、指導はできるだけ避けるべきです。）

対話の四原則
話を聞くのは落ち着いてクールダウンしたとき
教師も自分が感情的になっているときは対話は避ける
①黙って聞く
うんうん
②つじつまが合わなくても話の途中で是非を問わない
③子どもの感情を受け入れる
それはつらかったねえ……
④教師と子どもの思いが違うときは『私メッセージ』を伝える
先生は○○してほしいと思っているよ
そして最後の決定は本人にさせる

「さっきどうしたんだ？」と聞くと、

「B子はいつもオレばっかり注意する。いっつも注意されるのはオレばっかりなんだ！」

しかし、Q男は問題のない子ではないんです。鼻くそをほじくったり、奇声を発したり、学力は高いのですが、人とのコミュニケーションがうまくとれない。しかしQ男がそう言ったとき、教師が「Q男だって、これこれこうだろ」と切り返したら、Q男はきっとそれ以上語らないにちがいないのです。そのとき私は、次のように返しました。

「それはつらかったなあ。Q男一人だけ注意されたら、つらいよなあ」

つまり話の是非を問わず、まず聞いてあげる。「オレだって認められたいんだ。みんなから認められたい」——ああ、この子もそういう思いだったんだなあということがしみじみ伝わってきます。つらかった思いに共感してもらえた安心感がQ男の心を開いてくれました。そこで、「じゃあ、Q男はどうしたいの?」「どうしたらいいと思う?」と聞く。するとQ男は初めて自分から「B子に謝ってくる」と言うのです。私は「そう、自分から謝るんだ。えらいね」とQ男の自己決定を励ましてあげました。

教師の思いと子どもの思いが違うときは、「先生は○○してほしいと思っているよ」とか、「先生は○○と考えるよ」と、教師からの「私メッセージ」を伝えます。そして最後の決定は本人にさせる、これが四つ目の原則です。

つまり「どうしたの?」「どうしたかったの?」から始まって、最後は「どうしたいの?」「どうするの?」と自己決定へと導いていく。こういう対話が教師に求められているのではないかと思うのです。

❇子どもとの個人面談

対話という点で、いま二年生の子たちとやっているのは、業間時間を使っての個人面談です。これは一日に二人か三人くらいが私と一対一で面談します。「今週は面談週間だよ。○曜日と○曜日だよ」と言うと、その日の休み時間はみんな教室を出て行きます。教室に私と二人きりで、ちょこんと椅子に座って、

「どう？　最近おもしろいことない？」

「う〜ん」

「授業はどうだ？」

「おもしろい」

「二桁の足し算、できるようになってよかったね」

そんなたわいもないやりとりですが、子どもは面談した後、とても落ち着きます。次の子も楽しみみたいで、廊下でちゃんと順番を待っています。終わった後、「楽しかった？」と聞くと、全員がうれしそうに「うん、楽しかった」と答えてくれます。誰もいないところで、先生と二人で話した、自分が先生を独占できたという満足感みたいなものかもしれません。

何か問題があったとき子どもと話すのは当たり前ですが、そうじゃないとき、子どもと向き合うのもいいことだなと思います。時間にしてわずか五分くらいなのですが、一人ひとりと相対することで、子どもに安心感を与え、教師への信頼感を育てていきます。ただ

なかなか時間が確保できなくて、二回り目ができずにいるのがちょっと残念です。

＊交換ノートと班ノート

一方、高学年になると、なかなか自分の内面を出さないし、しゃべらなくなります。しかし実際には悩んでいたり、苦しんでいたりするので、六年生などでやるのは教師との交換ノートです。ノートを一人一冊持たせ、一日に全員の分を見られないので、クラスをAとBに分け、今日の提出はAグループ、明日はBグループ。中に書いたことは絶対、他人に漏らさない、教師が全員にひと言、コメントをつけて返す、というものです。コメントを毎日書き続けることは大変なことです。しかし、その積み重ねが子どもたちとつながる太いパイプになっていくのです。

子ども同士の対話では、班ノートがその役割を担います。これは班員が順番に綴っていくもので、書く中身は、班の友だちへのお知らせと、前に書いたお友だちへの返信、「最近こんなことを楽しんでいます」とか、最近の自分の様子、また友だちへのお願いなど、口で直接言えないようなことを文章にしていきます。高学年になると、話し言葉より書き言葉の方がつながりやすい面もあります。

7 遊び心

＊子どもがきょとんとした始業式

私は教師をもう三〇年以上やっていますが、教師の遊び心はとても大切ですね。**教師が楽しくなくては学級は楽しくない。**おもしろかったのは、三年から四年に持ち上がったときのクラスでした。四年生の始業式で、「四年一組の担任は齋藤先生です」と校長先生から発表されます。それで、教室に入って行って、子どもたちを前に第一声！

「このクラスは先生が変わります。齋藤先生から新しい先生に変わります。きみたちと別れるのは悲しいですけど、先生には宇宙を守るという役目があって、星に戻らなければなりません。でもきみたちは安心してください。先生は、新しい先生を用意しておきました。いい先生ですよ」

そう言って、廊下に出て、急いで洋服を着替えます。ブレザーを脱いで、今度は後ろか

らドアを開けて、

「コンニチはー！」

子どもはきょとんとしている。

「今、齋藤先生は帰られました。新しい先生の名前を紹介します」

今度来た新しい先生です。新しい先生の名前を紹介します」

「サ」と大きく書くと、子どもたちは「エッ！」、その下に「イトウ先生」と続けて「読み方は、『サ・イトウ先生』です。新しい先生ですよ！　先生は君たちのいいところをいっぱい知っています。これから、一人ひとり名前を呼びます。『○○くん、きみは図画のコンクールで優秀賞を取ったんだよね』『○○さん、あなたはよくお家のお手伝いをしてお母さんを助けているんだよね』……」

子どもたちは呆然としたまま反応がない。でも家に帰って楽しそうに話すんです。

次の日、保護者から届いた連絡帳に「子どもが言っていることが、最初は何のことかさっぱりわかりませんでしたが、学級通信を見てよくわかりました。とても楽しいクラスですね」と書いてくれている。

ところが、子どもがまじめな顔をして質問に来るんです。

「サイトウ先生、本当に『サ・イトウ先生』なの？」

他のクラスの先生が来て「齋藤先生」と言ったら、子どもが、「違うよ、『サ・イトウ先生』だよ」などと言われて、ひどく困ったことがありました（笑）。

例えば、教室へ入るのだって、何時も同じパターンではおもしろくありません。最初、閉まっているドアの所からそっとのぞく。そうすると気がつく子どもがいますが、そのまま入らない。前から入ると見せかけて、そうーっと後ろのドアの方にまわり、突然後ろから入って子どもたちをびっくりさせるとか、四つん這いになってそっと後ろから入るとか。おもしろかったのは、始業式が終わって子どもたちが教室に帰ってきたとき、隠れていて、わっと驚かせたこともあります。

そのほか、教室に戻るとき、後ろから子どもが来たら、サッと柱の陰に隠れて驚かすとか、逆に子どもが驚かしてきたら、びっくりして驚いてあげるとか。一時間目と二時間目、ちょっと着替えて、子どもが「アレッ」と驚いたら、「きみはえらい！　先生をよく見ている」とほめたりなんていうのもあります。

せっかく先生になったのだから、それも小学校の教師になったのですから、いっぱい子どもと楽しみたいですよね。子どもって、おもしろいんですよ。ボケるんです。ボケに対してどう突っ込むか、こちらも時どきボケてあげて、子どもに突っ込ませる。あるいは子どもがボケたときに、教師が突っ込んで、それに笑いが起きるようなクラスになるといいな、と思っています。

「先生、黒板の字、間違ってるよ！」

「キミだけには言われたくないネ！」

それでワッと笑いが起きるようなクラスだといいですね。

❇「算数病院」

授業の中でも工夫が必要です。算数に遅れがある子どもに、個別指導を何とか楽しく受けさせる方法はないかと考えます。そこで子どもたちに提案するのが「算数病院」です。これは自由参加で、指名されたときには患者になる。場所は教室の一角、時間帯は給食準

備の時間など、ごくわずかな時間です。「算数病院」という看板が黒板に貼られて、今日の患者さんの名前が貼り出されます。忙しいときには、看護師さんを募集し手伝ってもらいます。

「患者さんに今日の治療をします」

そう言って、何問か問題を出す。合格すれば退院です。ほとんどの子が退院ですが、退院できなかったときはお薬（算数プリント）を出します。

「今日、ちょっとできなかったたね。算数病院でお薬を出しますのでよろしく！」

お薬はお家でやってくることになっているのですが、これは不思議なことに必ずやってきます。

「先生、お薬やってきたよー！」

こんなふうに子どもたちがやる気を起こす。それでも中に、毎回病院に来る患者さんもいます。長期入院です。ところがおもしろいのは、その長期入院の子がだんだん病院を仕切っていく。新しく来た患者さんに、「次、これやるんだよ」「次はこれだよ」と、病院のリーダーになっていくんです。

この取り組みは四年生くらいまでなのですが、入院するとか、退院するといったことがおもしろいのか、また入院することで、先生に特別大事にしてもらえるということもあるのか、中には「入院したい」という子もいます。しかし、この病院には誰でも入れるわけでありません、できる子は入れない。だから入院できることがむしろ誇りなんです。できない子がいばれる、そういう取り組みです。子どもたちの学習意欲を育てていくことが大きなねらいです。

❇「お店やさんごっこ」

授業の中でもどうやって遊びをつくるかとか、どうやって子ども同士が関われる関係を

つくり出すかということは絶えず考えます。

この前の二年生の授業では、三桁引く二桁の学習をしたのですが、二回繰り下がりのある計算は子どもたちにとってかなりむずかしい。そこで取り入れたのが、子ども同士の教え合い方式です。

まず教師が黒板で、計算方法を、説明の仕方も含めて子どもたちに見せます。「352－57」だったら、

「まずくらいを揃えます。一のくらいから引きます。2から7は引けないので、十のくらいから10を借りてきます。……そうすると、十のくらいは4になります。4から5は引けないので、百のくらいから10かりてきます。答えは295です」

次に、できる子に、黒板のところに出てきてもらってやってもらいます。

「正解です。上手だね。みんなもできるかな？　今度は二人一組になってやってみよう。最初に説明するのはミニ先生、教えられる方は生徒だよ。わかるようにていねいに説明してあげるんだよ」

そう言って、問題を書いた用紙を渡します。この日は授業参観の日だったのですが、翌日、親から感想がきて、「お互い説明し合う姿がとても良かった」とありました。

遊び的な要素と同時に、どうやって授業の中にバリエーションをつくっていくかという

ことも常に考えていることです。

算数については、二年生で二桁の足し算、引き算が終わると、まとめとして「お店やさんごっこ」というのをしました。

クラスを三つに分け、まずAグループの子がお店を出す。B、Cグループの子はお客さんになって、それぞれ買い物カードを持ってお店に行きます。「問題ください」と言うと、お店の子が二桁の問題を出してあげる。自分の机に戻って問題を解き、もう一回お店に戻って「どうですか?」と聞く。「あ、マルです。ありがとうございます」

そんなふうにして、次はBグループの子がお店やさんになっていく。これがなかなか楽しいのです。だんだん慣れてくると、「うちのお店は簡単だよ」とか、「うちのお店においで!」とか、「いらっしゃいませ!」「ここ、すいてるよ」などという声が飛び交う。終わってから、「どのお店がよかったですか?」と振り返りをします。すると、「○○ちゃんのお店がとってもやさしかった」などという返事が返ってきます。そんなふうに、授業の中に遊びを組み入れながら、最後は遊びで締めくくるということもします。

国語の書き順を教えるときも、指書きというのがあります。空間にまず指で書いていく。「大きい」という字であれば、「イチ、ニ、サン」、右に引いて、左に流し、最後は右に伸ばす。教師は反対から書いていきます。

「じゃ、次はみんな、立って！」と言って、今度は体全体を使って、大きいという字を書きます。そんなふうに、**立ったり座ったり体を使ったり、いろんなバリエーションを授業の中に入れながら、子どもが授業に集中できるようにする。**低学年であればあるほど、そういう工夫が大切だと思います。

＊遊び心とわざ

ゲームの話は前にも書きましたが、私はいろんなところでゲームをします。保護者会の最初にゲームをするとか、つい先日も授業参観があったので、最後に親子で「ジョーズじゃんけん」をしました。子どもたちは親と一緒のゲームができるので大喜びです。保護者も最初は照れくさそうに参加しますが、回を重ねるに従って、保護者の心も身体もひらかれていき、クラスの子どもたちと楽しく関われるようになってきます。教師の遊び心が親たちを和やかにします。

手品もよくやりますが、手品を子どもに見せるとき、一番いい学年は何年生だと思いますか？　これが実は、三年生なんです。三年生がいちばんいい。

一年生では何が不思議かなかなかわかりません。二年生ではわかるまで時間がかかる。四、五年生では、タネを見つけようとする。六年生になると、楽しんではくれるのですが、後ろの方から女の子たちが五、六人で「先生、上手上手!」。そういう〝ほめ方〟をしてくれるようになる。その点、三年生は「わあーっ!」と興奮して喜んでくれる。手品を見せるには最高の学年です。子どもの前なら失敗もできますし、失敗すれば失敗したなりに、子どもは喜びます。

若いときは、そういうわざがなくても子どもは寄って来ます。休み時間になると、「先生、遊ぼう!」と誘ってくれる。若い先生というのは、もうそれだけで魅力なんです。先生の匂いがしない。いつも自分たちを評価し、監視する眼差しがないからでしょうか。(注・ただし、若い教師の盲点は、そういうふうに子どもが寄って来るために、その子たちがカベになって、教師のところに行きたいけれど、行けないという子どもが見えなくなるということがあります。要注意ですね。)

しかし若さはいつまでも続かない。だんだん年取ってくると、子どもはもう「遊ぼう!」とは誘わなくなります。年を重ねた教師というのは、子どもから見たら、いつも自分たちを監視し、評価する——そんな眼差しを感じているのではないでしょうか。それだけに何か子どもを惹きつけるものを持たないと子どもは寄って来ませんし、常に子どもの遊び心を受け止めてあげられるように、特に小学校の教師は遊び心を失わないことが大切だと思っています。

8 リーダーを育てる

✻班長を選ぶ

リーダーについては、特に高学年の場合、教師の思いを理解し、教師と共にクラスを前進させて行こうというリーダーをどう育てたかでクラスは大きく変わります。高学年になるほど、**リーダーづくりは学級づくりの大きなハシラになります。**

リーダーは、まず一つ目、どんな学級をつくっていきたいかという教師の思いを理解できる子。二つ目は、学級の中で課題を抱えている子が必ずいますが、そういう子に関心を寄せ、その子の課題を見つけたり、成長を援助していける子、そういうリーダーを育てるための場が班長会です。役割意識というのは、集まらないと育たないので班長会は毎日開きます。時間は朝の八時から八時一〇分まで（早朝班長会）。そこで何をするかというと、まず一つは、一日の見通しを持つことです。

「今日の国語ではこの課題を中心にやります。算数はこういう学習です。二班では○○くんがつまずいていると思うから見てあげてね。三校時はこれこれこういうことがあるんじゃないかな」

そんなふうに、教師が予想を立てながら、その日の見通しを立てます。リーダーは見通しを持つことがとても大事です。

二つ目は、昨日一日を振り返っての教師から見た評価と課題です。

「こんなことがよかったよ。三班は昨日こういうことがあったから、今日はこれが課題だよ」

子どもたちは教師の評価を通して、ものの見方や考え方、そして人の見方を深めていくのです。

三つ目は、子どもたちのヘルプに応える。「○○ちゃんがうるさいから席替えいいですか？　△△くんが困っています」等のヘルプに対しては教師がすぐに応えるのではなく、他の班長から応答してもらいます。同じように班員のおしゃべりで困っている班長からその経験を話してもらったり、他の班長に援助を要請するなど班長会として知恵を出し合う場にしていくのです。

行事があるときはその行事の中身について話し合います。お誕生会とか、お祝いの会をどうするかなど。教師から提案して、子どもたちの意見を聞きます。やがて子どもたちの力で提案できるようにしていきます。

低学年でも班をつくっていますから、班長会を開きます。二年生の場合、班は四人で、その中から推薦で班長さんを選びます。

「この四人の中からいちばん頼りになる人を班長さんに選ぶんだよ。みんなから推薦されるんだからすごいことなんだよ。でもなれなくても、いじけたり泣いたりしませんか？」

そう言って選んでもらいます。班長になるのは、低学年の場合、おもしろい子、高学年になると、やさしい子です。昔は学力が高い子だったのですが、今は、勉強ができる子とか、スポーツが得意な子でなくて、おとなしい子だったり、コミュニケーションがとりやすいやさしい子です。

班長会では、「はい、おへそをこっちに向けて！　これから班長会をはじめます」と言って始めます。低学年の場合は、「今日はこんなことをやるよ」というのと、教師からの「班の評価」です。班長会は教室の前の方でやっていますので、後ろにいる子どもたちにも聞こえるように話します。

「○○ちゃんのきのうの発言、良かったね」

○○ちゃんの顔を見ながら話すと、他の子どもたちも必死になって聞こうとします。班長会は公開で行なうことを原則にしています。

❇教師といっしょに取り組む

班長会で大事なのは、課題を持った子への関心を広げるということです。課題を持った子を差別したり、排除しないということが教師の願いですし、実際そういう子への指導は教師一人ではできません。子どもたちのちからを借りて一緒に取り組みたいのです。そのために班長たちに、「○○ちゃんが、今日はこんなことができたよ」と、その子を暖かい目で見られるよう情報を伝えていきます。

四年生を担任したときのことですが、クラスに障がいを抱えた子がいました。A男は本当に大変な子でした。課題にはほとんどついていけない。整列するときも、誰々の後ろに並ぶというのがなかなか覚えられない。それどころか、掃除をしていると、掃除している子の後ろから、バーンと蹴ったり、並んでいると、後ろから首を絞めたりするなど激しい他傷行為がみられました。蹴られた子に「大丈夫か？」と聞くと、「大丈夫」という返事が返ってくるのですが、子どもたちはその子に対して何かしたらもっとひどいことをされるとわかっているので、当たり障りのないような対応をしている。そばから見ると、やさしいような感じがするのですが、明らかに見えない排除をしているということがわかりました。

それで、班長会で、A男が得意なことは何だろうという相談をしました。なかなか探り当てられなかったのですが、「ドラえもんを描くのが好きみたいだよ」というのと、「大きな段ボールを教室に持ち込んで工作をやったとき、段ボールの中で遊んでいたから、けっこう段ボールの中が好きみたいだよ」という話が出てきました。

「そうか、ドラえもんを描いていたのか。A男くんは勉強にもなかなかついていけないし、みんなともうまく遊べない。気持ちもうまく伝えられないから、どうしても手が出たりするんだと思う。みんなも自分がそんな立場だったらどう思う？　A男くんは自分でもそういうことが良くわかっていて、授業中はせめて騒がないようにドラえもんを描いていたんだと思う。A男くんもギリギリの線で頑張ってるんだよ。でもときどき教室を飛び出すだろ。あれも、みんなに迷惑かけてはいけないから飛び出すんだぞ。飛び出せばみんなに授業の迷惑がかからないだろ。きっとそれも考えてやっているんだと思う。そんな思い、わかるか？」

そんなふうに、教師がある程度、A男の思いを想像しながら背景を語ってやると、四年生くらいの子どもはしっかり受けとめてくれます。

「休み時間、連れて行かなくていいから、誘うだけでいいから、〝一緒にあそぼ！〟って

課題を持った子への対応は
子どもたちの力を借りて!!
勉強になかなかついていけないA男
みんなともうまく遊べない
ときどき教室を飛び出す
蹴ったり
首を絞めたり
〈班長会〉
ドラえもん描いてたよ
段ボールの中で遊ぶのが好きみたい
騒がないようにドラえもんを描いていたのか
教室を飛び出すのも みんなに迷惑かけては いけないと思っているからなんだぞ
誘うだけでいいから"一緒に遊ぼ"って言ってくれないか
段ボール遊びも一緒に遊んでくれないか
いいよ!

言ってくれないか」

そう言うと、「いいよ!」という返事が返ってくる。

段ボール遊びも「一緒に遊んでくれるか」と言うと快く、「いいよ!」と答えてくれる。そんな関わりができると、「先生、A男くん、ふざけないで遊んでくれたよ」とか、「殴らないで遊んでくれたよ」といったうれしい報告も届くようになるなど、A男への関心が広がっていくのです。

しかし、この子の場合、友だちを殴るので、そのことだけは何とか防ぎたいと思って、「友だちカード」というのを作りました。

というのも、私がA男の家を家庭訪問したとき、女の子が三人くらい遊びに来たんです。すると、彼はものすごく喜んで、「上がって、上がって！　上に行こう！　行こう！」と、もう本当に嬉しそうで、自分でお茶菓子まで用意して二階に上がっていく。その姿を見て、友だちができるということが彼にとってどんなにうれしいことかということがわかったのです。だから殴るのも、本当は友だちになりたくてやっているんじゃないだろうか、そう考え、班長会に「友だちカード」の提案をしたのです。そしてみんなの同意を得て、『友だちカード』を三〇枚作って彼に渡しました。

「これは友だちになろうというカードだよ。友だちになりたい子がいたら、『友だちになろうね』と言って、このカードをあげるんだよ」

そしてみんなには、「このカードをもらったら、『友だちになっていいよ、でも僕を殴らないでね』って言うんだよ」と伝えました。

しかし、この取り組みは、三日でダメになりました。結局手が出て、「友だちカード」が返されてしまう。ただおもしろかったのは、このこと自体は長続きしなかったのですが、この「友だちカード」が他の子どもたちに広がって、学級の中に友だち交流が広がっていったのです。子どもたちはたくさんカードを集めて何枚集まったとかと言って、自慢し合っている。

一方、A男が得意だというドラえもんも描いてほしいと頼むと、いっぱい描いてくれたので、それをカードにして、学級の中でその日頑張った子にそのカードをあげることにしました。人の役に立つことで、A男もうれしいし、みんなも喜んでくれる。そんなふうに、学級の中で認められていくことで、殴ることもだんだん減っていったのですが、クラスの子を殴らない分、今度は他の学年の子を殴るということがあって、なかなか一筋縄ではいきませんでした。でもやがて、殴ったときの理由を彼なりに言えるようになりました。「あの子が僕をにらんだからだ」とか。

そういうふうに、教師がこんな理由で、こんなことをやってみようと思うんだ、という指導の意図を班長たちに伝えていく。班長たちもそれがわかると「おもしろいね」と言ってのってきてくれる。それは子どもにとって、これまで見えなかった世界との出会いであり、友だちの見方を深めていく機会にもなるはずです。そういうリーダーが学級の中に三、四人育つと、学級は大きく変わりますね。

こうした取り組みが大事なのは、A男と同じように、それまでクラスで差別されたり、孤立しがちな子に安心をもたらします。「どんな子もこの学級にいていいんだよ」という暖かいメッセージになるのです。

9 集団意識を育てる

＊「やさしさいっぱいの木」と「パワーアップ表」

今、二年生の私の教室の後ろには模造紙に描いた大きな梨の木が貼ってあります。梨はこの地域の名産で、この木を「がんばりいっぱいの木」とか、「やさしさいっぱいの木」と呼んでいます。この木に、子どもたちが学級を前進させるようないいことをしたり、楽しいことをしたら、その都度梨を貼っていきます。

「1年生にやさしくできた学校たんけん」「おたんじょう会大せいこう」「ルールを守って楽しくできたドッジボール」「雨の日、全員カサをわすれないで持ち帰ったね」「運動会で楽しくおどった少年少女冒険隊」……それ以外にも友だちにやさしいことをすると、蝶々が飛ぶのです。

「○○くんが今日、友だちにこんなやさしいことをした。○○くんの蝶々が飛ぶよ！」

そう言って梨の木に蝶々を貼り付けます。一学期が過ぎ、二学期を迎える頃になると、梨の木にはたくさんの梨が実り、蝶々がいっぱい飛び交います。

これは、学級をみんなで良くしていこうという思いを育てるための取り組みです。今、多くの子どもたちが、小さなグループに閉じこもって生きています。学年が進むにつれてその傾向は強くなっています。そのために、学級の一員であるという当事者意識が薄れ、子どもたちの中になかなか学級を良くしていこうという意識が育ちません。それだけに学級がみんなのちからで成長していることを実感できる取り組みは、子どもたちの集団意識を育てるためには大切なことです。

低学年の場合は、木を作ってあげることが多いのですが、四年生以上になると、グラフを作ります。「4の1、パワーアップ表　めざせ100！　みんなで力を合わせてがんばったときにクラスの力はアップします」とキャッチコピーを書いて、折れ線グラフの縦軸は、0から100までのパワーアップ度、横軸は4年1組がスタートした日からの学級の前進記録です（99頁写真参照）。

- 4月12日＝みんなで楽しくお花見。
- 5月21日＝よさこいソーラン大成功、全力でがんばった運動会。
- 7月5日＝大成功のグリーンスクール、楽しかったキャンプファイヤー。

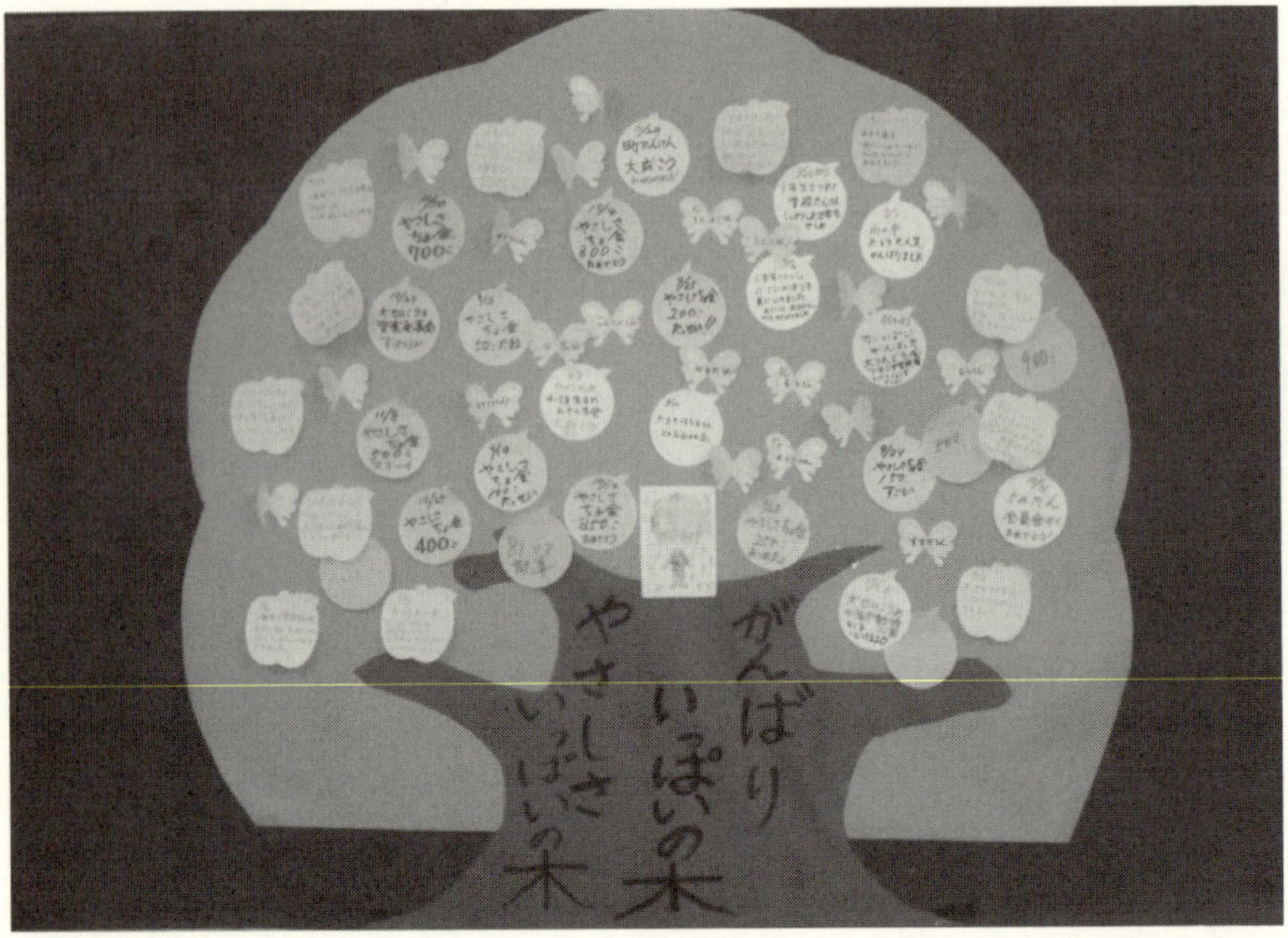

子どもたちのがんばりとやさしさでいっぱいになった「クラスの成長の木」

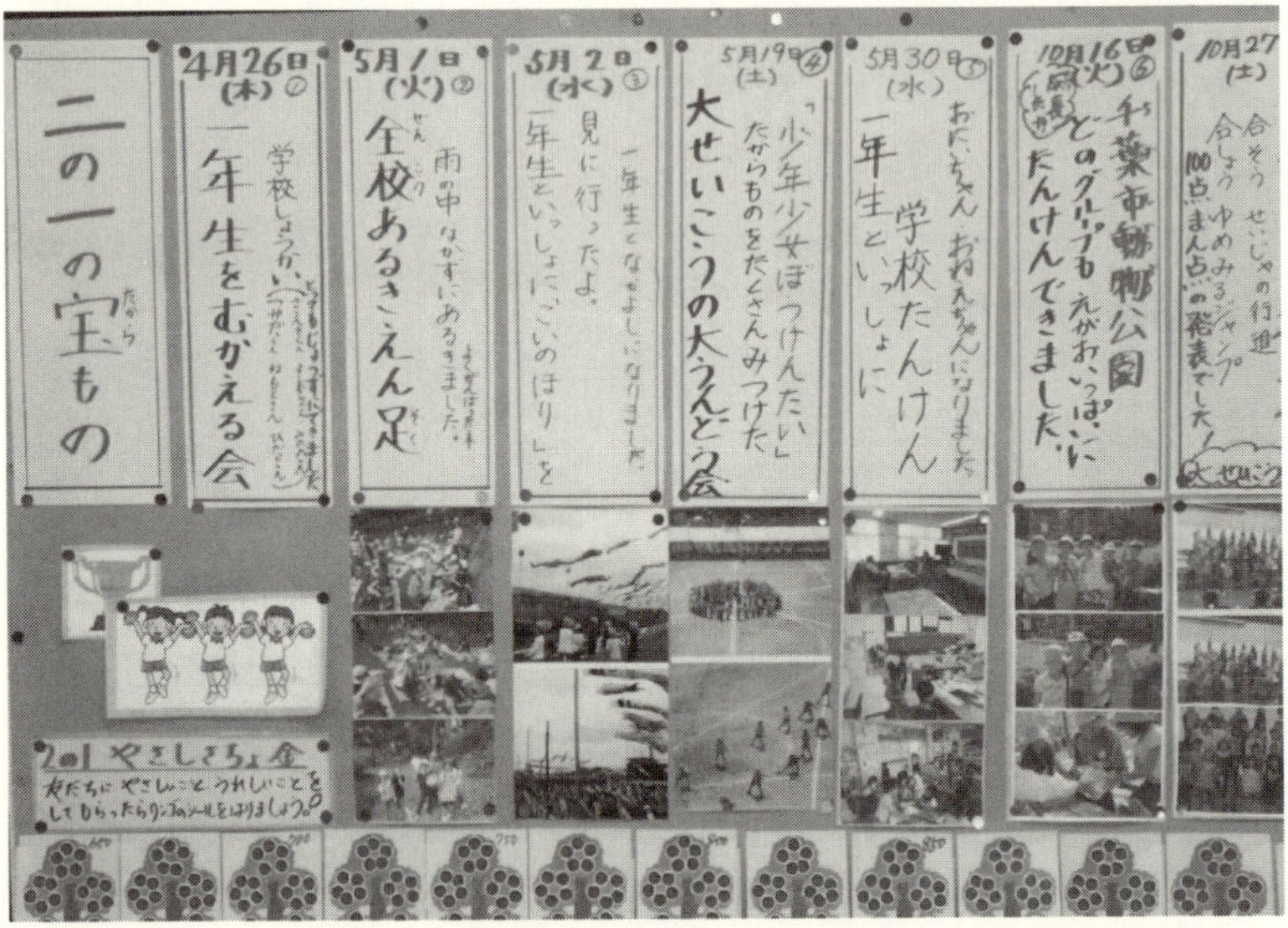

みんなでがんばったときに貼られる「クラスの宝もの」と思い出の写真。

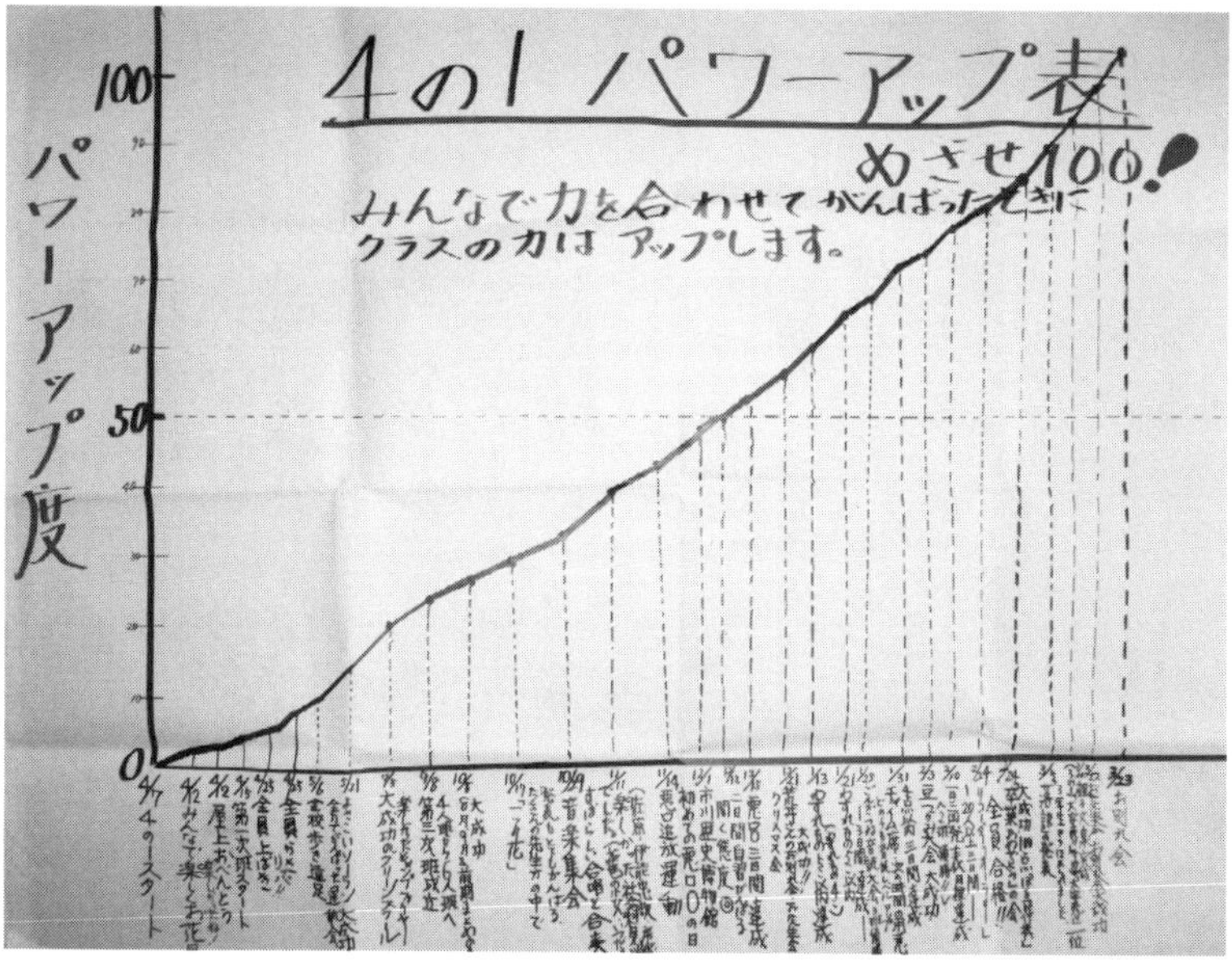

クラスの「パワーアップ表」。クラスの成長が目で見て感じとれます。

■10月17日＝「一つの花」たくさんの先生方の中で発表をとてもがんばる。
■10月29日＝音楽集会。素晴らしい合唱と合奏。
■11月14日＝悪口追放運動。初めての悪口ゼロの日。

……………

こんなふうに、学級としてのがんばりが確認されるたびにグラフは伸びていきます。子どもたちも50ぐらいまでグラフが伸びてくると、学級の成長を感じ始め、子どもたちの方から、「先生、がんばったからグラフをアップしようよ」と声をかけてきます。三月二三日お別れ会の日、グラフはみごと目標の100の地点に到達するというわけです。

子どもたちとは、「100まで達成したら、お祝いの会をしてジュースで乾杯しようね！」などと、楽しい約束をしてあります。

❇班の活動

班をつくることも集団意識を育てることの一つです。始業式の日から子どもたちには班が必要です。ひとりぼっちにならないか、友だちができるかなど不安でいっぱいの子どもたちにとって、まずは安心して一緒に活動する友だちをつくってあげるのです。

また、班は友だちとの話し方、友だちへの要求の仕方など、友だちとの関わり方を学んでいくところです。さらに、班での教え合いや協力し合う活動を通して集団の中で生きるちからを育んでいくところです。

班をつくったら最初の活動として、子どもたちに班の名前と目標をつくらせます。一班は班の名前が「元気いっぱい」、班の目標は、

- もめ事があったら自分たちで解決する。
- 先生の話をよく聞く。
- 一日二回以上発言する。
- 忘れ物はしないようにする。

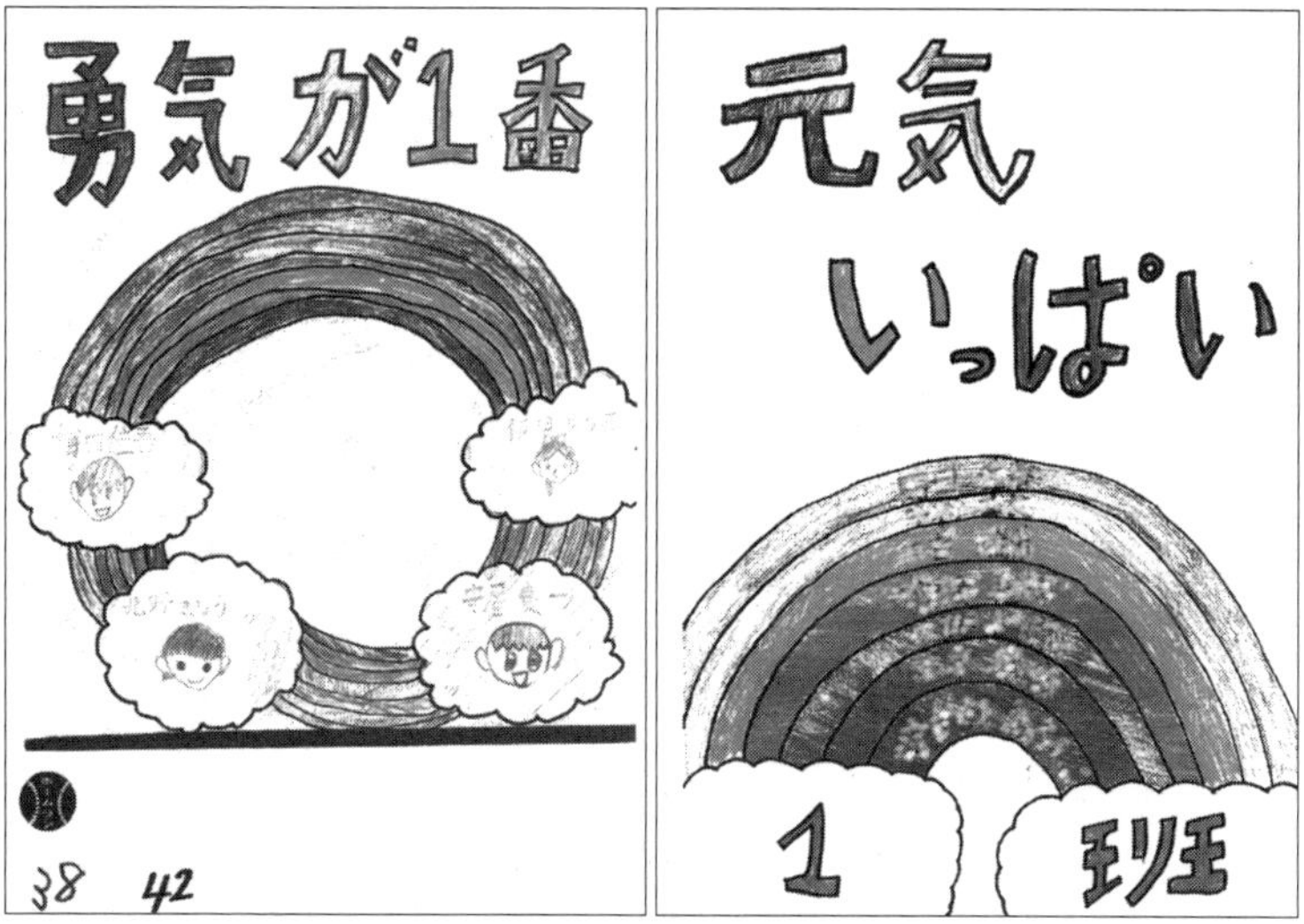

４年生の子どもたちが作った班のマーク。左は似顔絵の上に、右は虹の中央にそれぞれ班員の名前が書かれている。

二カ月に一回、班替えをするので、その目標が達成できたかどうか、最後にまとめをします。また四年生ですと、それぞれの班で班のマークも作ります。マークは最初それぞれが好きな絵を描いて、班の四人なり六人が集まって一つのマークに仕上げるのですが、これは班のリーダーが中心になって、みんなの意見を聞きながらまとめていきます。四つ葉のクローバーにするとか、七色の虹にするとか、どの班もなかなか上手に仕上がるので、感心します。しかも、班意識が育ってくるにつれて、班のマークをひとつにまとめようとします。こういう活動が子どもたちの中に集団意識を育てていくのです。

さらに必要なことは、班の日常活動をつくりだしていくことです。班をつくったら班ごとにプリントを集める、班で掃除をするなど、班での活動を日常化していく必要があります。授業中も班での教え合いや話し合いの場面をつくりだしていきます。

そのときに大切なことは教師の評価です。「速い・遅い」「できた・できない」の評価ではなく、どれだけ一人ひとりを大切しているかという視点で評価するのです。教師の評価を通して子どもたちは人とのつながり方を学んでいくのです。

また、班での生活を楽しくし、班が子どもたちにとって安心して生活できる居場所にするために「班遊び」や「班対抗ゲーム」などを積極的に創りだしていきます。

「なんだなんだ班会議」「どじょうにょろにょろ」「班対抗ナンバーコール」「集団ジャンケン」等々、これらのゲームは勝ち負けだけを評価するのではなく、リーダーの動きや助け合い方などを評価することが重要です。ゲームは楽しさだけでなく、教師の評価によって子どもたちのつながりを創りだしていくのです。

子どもたちは班でのつながりを通して集団の中で生きるちからを獲得していくのです。子どもたちの当初の意識は「席替え」ですが、やがて班の活動が活発になり、班の意識が育ってくると「班替え」と呼ぶようになってきます。「席替え」から「班替え」へと子どもたちの意識が育っていくように指導していきたいものです。

10 感情のコントロール

✻教師の仕事は感情労働

教師の仕事は感情労働で、自分の感情を上手にコントロールできる力をつけていかないと、子どもや親とつながることはできません。子どもや親とのトラブルを乗り越えていくことはできません。子どもから投げつけられる暴言や親からの苦情……教師の仕事はそういう意味で、非常にストレスのたまる仕事です。

私自身も若いときに子どもから「新米教師！」などと言われたり、噛みつかれたりしたこともあります。もちろん思わずカッとして怒鳴ったこともあります。最近では年取ってきたので、あまり怒らなくなったのですが、一度、六年生の子に対し、ひどく怒ったことがあります。

それは運動会のときで、その子は応援団長もやり、騎馬戦の大将もやり、みごとに勝った上、応援賞も取って、リレーの選手としても活躍しました。文字通りクラスの中心になって大奮闘した子です。運動会が終わると、六年生ですから、最後に各自の持ち場で片付けがあります。彼はその片付けが早く終わって教室に戻って来たのですが、私に向かって何を言ったかというと、「先生、もう終わった順から帰ろう!」、そう言ったんです。私は思わず怒鳴ってしまいました。

「今、みんなまだ働いているんだ。今日、君はいろんな場面で活躍したけど、それはみんながきみを支えてくれたからじゃないのか。きみはそのことが想像できないのか!」

あまりにも自分勝手だと思ったのです。そのときは後で、みんなに、「先生は怒鳴ってしまったけど、どう思うか?」と聞いたのですが、しかし、教師も人間ですから、感情をコントロールしろと言ってもなかなかむずかしい。どうしても感情的になってしまうとき、心の中で必死に、「今それを出してはいけない」「落ち着いてから、あいつと話してみよう」と、自分と対話しているもう一人の自分がいます。

しかし、「うるせえな」「こっちくんなよ」「しつこいんだよ」などの子どもたちの激しい暴言、教師を敵視する鋭い眼差し、反抗的な態度、また、「前の先生はもっとほめてくれた」「もっときびしくしてほしい」「子どもが先生を嫌がっている」などの保護者からのしつこいクレームは教師から自信を奪い、教師の心を痛め続けます。そんなときに、その

教師の仕事は感情労働
きみは！
それを言っちゃいけない落ち着け
教師も人間、感情をコントロールするのはむずかしい
子どもたちの反抗的な態度や
うるせえなしつこいんだよ
前の先生は
子どもが先生を嫌っている
保護者からのしつこいクレームは
教師から自信を奪い心を痛め続ける
そんなときつらい思いを聞いてくれる同僚や先輩が
一人いるだけで救われる

つらい思いを聞いてくれる仲間、受けとめてくれる同僚（先輩）が職場の中に一人いるだけでも教師の心は救われます。「そんなことがあったんだ」「それは大変だね」「つらかったね」と受けとめてくれる仲間です。職場に無理であれば、サークルだっていい。話を聞いてもらうということがとても大事です。そうでないと、心に大きな傷を残します。

問題はそういう話を聞いてくれる仲間をどうやってつくるのかということです。これが今、とてもむずかしくなっています。私はよく「廊下散歩」（廊下の掲示を見ながらぶらぶら散歩する）をします。そして、上手な子どもたちの作品に出会ったら、そのクラスの先生に「廊下の絵、とっても上手ですね」と話しかけ、どのように指導したのかを尋ねます。

すると、多くの先生方がとても丁寧に教えてくれます。また、それがその先生とつながるきっかけとなることもあります。

私が勤めている今の学校は若い教師が多くて、二〇代教師が三割を占めています。その中の一人の先生から、たまたま指導のあり方を学びたいという声があがって、職場サークルをやろうということになりました。

職場サークルと言ってもなかなか時間を確保できなくて、一カ月に一回くらい、放課後四、五人で集まってグチをこぼしたり、子どもを集中させるゲームを学び合ったり、あとは隙間の時間を利用して、気軽に授業を見せ合うといったことをしているのですが、そういうことを通して思うのは、教師の仕事というのは、やっていることがそのまま成果として現れない。将来現れるかも知れないけれど、今すぐ、その成果が見えるわけでないということです。

こんなに一生懸命やってあげているのに、親から何でこんな苦情がくるのかとか、こうしなさいと言ったのに、何度言ってもどうしてあの子は守らないのかとか、やったこと、言ったことに対して結果がすぐに返ってこない。千円のものを売ったら、いくらの利益があるという世界と違って、成果がすぐに見えないのです。それも教師のストレスの一つではないかと思うのです。

子どもというのは、本を読んであげたり、ゲームをしたり、お店やさんごっこをしたり、そんな一見無駄とも思われるような連続の中で成長していきます。その無駄なことが、子どもにとって原体験になっていくわけです。それだけに行事や遊びなど教科外の活動が、子どもたちの成長に大きく影響していくのだと思います。

しかし、その時間がなかなかありません。それどころか、最近は、低学年では「お誕生会」が消え、高学年でも学期に一回は行われていた「お楽しみ会」も消えつつあります。転校生のための「お別れ会」さえも行わない学級もあります。「お誕生会」や「お別れ会」よりも漢字や計算力をアップさせることを優先し、点数や達成率などの成果だけを求める学校が増えています。

そうした目の前の効率だけを追いかける教育が本当に子どもたちに豊かな成長をもたらすのか、私には疑問です。

＊保護者との五つの約束

思わず感情的になる場面というのは子どもだけでなく、保護者との間でも起こりえます。私は保護者と関わるとき、最初の懇談会で五つの約束をすることにしています。次のようなお願いです。

一つ目は、子ども同士のケンカはこの時期によくあることです。そのことで相手の身体を傷つけてしまったときはお家に連絡します。もちろん私も謝りますが、お家の方からも相手のお家に連絡をとってほしい。身体が傷ついたらお家の人がいちばん心配します。これをまずお願いします。

二つ目は、この時期の子どもというのは自己中心に物事を考えます。ケンカをしたときにも自分のしたことは忘れて、されたことだけをお家で話すことが多い。学校でもそうです。子どもの話は信じてもいいけど、鵜呑みにはしないでください。とくに子どもの話を鵜呑みにして、相手のお家に連絡したりしないこと。事実を確かめるためにも必ず担任に連絡をとってください。感情的な話し合いは、トラブルをより深刻化させてしまいますし、それでうまく行った例はありません。必ず教師を入れながら、教師を信じて任せてください。

三つ目。トラブルは子どもの成長にとって必要なことで、むしろ栄養剤です。トラブルを通して子どもは自分を理解し、相手を理解していきます。ただし、人間同士のトラブルですので、解決には時間がかかります。トラブルがあっても急がず、騒がず、しばらくは見守るという姿勢が大切です。トラブルをそれぞれの成長につなげていくためにも教師に時間をください。

保護者との5つの約束
①子どものケンカで傷つけたときは
お家の方も相手の家に連絡をとってほしい
②子どもの話を鵜呑みにしない
必ず担任に連絡をとること
③トラブルは栄養剤
ただし解決には時間がかかる急がず騒がず見守る姿勢が大切
④教師と子どもは信頼関係で成り立つ
子どもの前では先生をほめてほしい
⑤不安や心配なことがあったら連絡帳を使い早めに連絡する
家庭と学校が事実を共有し合うことが子どもの成長に必ず役立つ

　四つ目。教師と子どもは信頼関係で成り立っています。信頼関係が指導を成立させます。そこで、子どもの前では、その信頼関係を崩すような言動は避けてほしい。子どもの前では先生をほめる。ほめることがなかったら「背の高い先生だね」、そんなことでもいいです。もちろん、私も親の悪口は絶対言いません。これはお互いの約束です。子どもはいい先生だと思うと、その教師の指導を受け入れる身体が出来上がってきます。子どもの前ではいっぱい教師をほめてください。

　五つ目。しかし不安なことや心

配なことがあったら連絡帳を使って、早めに連絡してください。とくに、いじめなどは早期発見が大切です。また、家でがんばったことなどもぜひ知らせてください。そうすれば、「○○ちゃん、こんなことでお家でもがんばっているんだってね」と、子どもを励ますことができます。家庭と学校が連絡し合い、事実を共有し合うことが子どもの成長に必ず役に立つと思います。

以上のようなことを、最初の懇談会でよく話します。

そしてもう一つ付け加えるのが連絡帳の書き方です。

「連絡帳を書くときですが、お母さんたちはこれから長く先生たちとつき合うでしょ。だから必ず連絡帳の冒頭には『枕ことば』をつけてください。『いつもお世話になっています』とか。いきなり感情的な言葉は書かないこと。そこから始まって、『どうなんですか?』とか、『子どもに聞いてほしい』とか、そういう書き方をしてもらえると、教師も冷静に対応できます。連絡帳の書き方も大切ですよ」

この連絡帳のことは、担任にとっては案外切実な問題で、若い先生たちはなかなか親に向かってそういうことが言えない。でも親に伝えてもらいたいという要望があって、今の学校では校長が学校便りに書いてくれたのです。これは非常に好評でした。それで、親たちの連絡帳の書き方が変わったのです。いきなり「鉛筆がなくなったので、見てくださ い」ではなく、「いつもお世話になっています……」から用件が記されるようになりました。こんなふうに社会人としても対等な付き合い方をお願いしていきます。そうすると、「うちの子どもが○○くんから悪口を言われたと言っています。親として腹が立っています」など、わが子の話を鵜呑みにして、感情的に書いてくることは少なくなっていきます。

❇親同士をつなぐ「保護者回覧ノート」

保護者に対する取り組みとして、一つ付け加えておけば、『保護者と仲よくする5つの秘訣』（今関和子著／高文研刊）という本に学んで、「保護者回覧ノート」というのを始めました。これはクラスをAとBの半分ずつに分けて保護者の間にノートを回します。一人一頁何を書いてもいい。手元に置いていい期間は三日間、書けないときはパスもオーケーということで、Aグループに書かれた文章はコピーしてBノートに貼り込む、Bノートに書かれた分もコピーしてAノートに、そうすることで全員が目を通すことができます。

このノートに、お母さんたちはぎっしり書いてきます。最初は家族の紹介、次はお誘い「料理教室をしているので行きませんか」とか、三サイクル目になると、学年の終わりが近いので、お茶会のお誘い等々です。

これが保護者同士の交流になって、懇談会で会ったときなど話題ができますし、さらに「お互いさま」の心がつながっていきます。子ども同士のトラブルなどがあっても、「うちの子だってこうこうだから、気にしないで」と許してくれます。それも「保護者回覧ノート」で親同士がつながっていったおかげだと思います。

この「お互いさま」の心ということで、重い課題を持った子がいる場合は、それを隠さないで、親同士の間にオープンにするということがとても大事です。クラスに他傷行為の激しい子がいたときのことですが、家庭訪問を事前に何度かしました。そうしたらお母さんも懇談会に来てくれ、発言してもらったのですが、ことば足らずで「うちの子どもが迷惑をかけるので、宜しくお願いします」くらいしか言えませんでした。そこで、私が、「言っていいですか」と、了解を取った上で、

「Xくんはこれこれこういうお子さんで、突然人を叩いたりすることがあります。しかしそういうお子さんとともに過ごすことで、他の子どもたちの中に思いやりの心も育つはずですし、力を貸してあげようという子も出てくると思います。Xくんといっしょに生きることによって、クラスの子どもたちも成長していけるようなそんなクラスにしたいと思っていますので、ぜひお母さんたちも力を貸してください」

そんなふうにオープンにすることで、後にトラブルが起こったとき、保護者にその背景

や教師の思いを理解してもらう大きな支えになっていきます。

実際、このXくんが女の子の頬をひっかいて傷をつけてしまったときにも、女の子のお母さんは、「先生、大丈夫ですよ。うちの子はXくんを嫌っていないし、先生の思いが伝わっていますよ」と話してくれ、とても勇気づけられました。重い課題を持った子を担任したときには、早めに学級の状況をオープンにしながら、教師の思いを伝えていくことはとても大切なことです。

❇懇談会を楽しく

懇談会は保護者同士が仲良くなり、子育ての悩みを相談し合える関係になればと思っています。そのために、懇談会の最初によくゲームをします。今の若い母親はすぐにゲームにのってくれるので、懇談会の雰囲気はすぐに明るくなります。

次にお互いのことを理解し合うために、それぞれの趣味や最近がんばっていること、近ごろうれしかったことなどについて交流し合います。子どものことよりもまずは、保護者同士が理解し合うことで自由に話し合える関係づくりを大切にしています。

また、グループ懇談で子育て交流をすると、親たちはよく話します。他の保護者も同じ悩みを持っていることを知って安心したり、子育てのヒントをもらったりと時間を過ぎても話し続けています。「お小遣いの与え方」や「家の仕事のさせ方」などをテーマにすると話し合いはおおいに盛り上がります。

また、三月の最後の懇談会では、保護者一人ひとりに「子育てがんばり賞」のミニ賞状を渡すことにしています。遊び心で始めたのですが、これが親たちからは好評で、今でも続けています。

四年生の場合、子どもたちが一〇歳ですので、その文面は「一〇年間、子育てを本当によくがんばりました、よってその努力をたたえ、これを賞します」と書いたミニ賞状を参加した保護者一人ひとりに渡しました。もらった保護者もとても喜んでくれました。

次の日には、「賞状とてもうれしかったです。主人も喜び、私に『一〇年間ご苦労様』とうれしい言葉をかけてくれました。先生のお心遣いに感謝しています。賞状は大切に壁に貼っています」という、うれしいお手紙を頂きました。保護者会でも遊び心をおおいに発揮したいものです。

第Ⅱ部

実践編

子どもとつながり、子ども同士をつなぎ、親とつながる

実践❶

すねる、いじける、泣きじゃくるK男と共に

――発達課題を抱えた子どもの指導をめぐって

三年生になると、子どもたちは少年期の世界に足を踏み入れ始めます。その世界は二年生のときとは様相を大きく変化させます。それまでは近所の子を中心に遊んでいた子どもたちが、行動範囲を一気に広げ、友だちを激しく求めるようになり、毎日友だちを誘って遊ぶようになっていきます。夏休みを過ぎると、そのエネルギーの大きさに驚かされます。学校にいる間に友だち同士誘い合い、遊びの計画までも立てているのです。日記も友だちと遊んだことが中心になってきます。

しかし、遊びのルールを自分たちでつくり、それを守り合ううちからや遊びのわざがまだまだ未熟なためにトラブルも多く、遊びの度にトラブルを起こし続けます。しかし、子どもたちはこのトラブルを通して他者理解や自己理解を深めていくのです。

また、トラブルの解決をめぐっての対話・討論を通して他者との双方向での関係理解

（他者の視点を自分の中に取り込む）が生まれてくるのです。三年生で出会ったK男もさまざまなトラブルを通して少年期の課題を乗り越えていこうとしたひとりでした。

1　試験観察の四月

四月は子どもたちが様々な行動を通して、教師を試験観察する時期です。K男のような言語表現が苦手な子どもは自分の思いを身体で表現します。まずはあせらずじっくりK男と付き合うことです。教師からもいろいろと働きかけながら、その様子をじっくり観察・分析しながら、行動に隠されたその子の思いを読み取っていくのです。「分析なくして、指導なし」です。教師は分析から想像力を働かせながら子どもの生活背景をとらえていくのです。

K男との出会いもすねる、いじける、泣きじゃくるで、私を試験観察しているかのように、自分の思いを表出していました。

始業式から二日目、自己紹介カードを書き終えた子には、読書かお絵描きをするように話していましたが、K男と数人の子どもたちが後ろで騒いでいたので席に着くように少し強く注意すると、K男は机の下に潜り込んでしまいました。そのままにしていると、一時間ほど机の下に潜り込んだままでした。同じクラスだった子に二年生のときのK男の様子について聞いてみると、同じようなことが二年生のときにもあったといいます。

四月はK男のぐずる、すねる、泣きじゃくる日が続きました。ゲームで負けるといじけて机の下に潜り込む。静かな教室でK男の泣き声と独り言が響いていました。休み時間にはドッジボールでボールが当たると泣きじゃくりました。

また、授業では、ノートを取ることを嫌がり、私がノートを取るように勧めると「こんなに書けない」「できない」と言ってすねて、泣きじゃくります。授業中は手を挙げて発表することが多いのですが、まちがえると泣きながら机の下に潜り込むこともありました。しかし、テストにはよく取り組みました。ノートの字などは読めないことが多いのですが、テストになるときれいな字で書いていました。そんなK男に進んで関わろうとする子どもはほとんどいませんでした。

2 K男の「なぜ」にこだわる

K男のような子どもに出会ったときには「どうする」よりも「なぜ」にこだわり続

けることが大切です。職場の視線を気にしてK男の行動を強く規制し、管理しようとすると、K男との関係は切れてしまいます。K男の行動の背景にあるものを掴むことです。掴む努力をすることです。そのために、まずK男のことを一番よく知っている母親とつながることが大切です。生育歴から「なぜ」を考えてみることです。「なぜ」にこだわり続けることがK男とつながる道なのです。


K男はなぜ、少しのことですねたり、いじけたり、泣きじゃくるのだろうか。

四月のK男は勝ち負けに強くこだわり続けていました。また、バカにされたり、失敗したとき、自分ができそうにないと思ったときなどには、いじける、すねる、泣きじゃくるという姿を見せていました。調子が良いときは私の傍に来ることが多く、認めてほしいという思いの強さと共に友だちづくりの苦手さを抱えているように思われました。

このようなK男の様子から、やらない、すねる、いじけることでK男は他からの要求や攻撃から自分を守っているように思われました。また、常に失敗したときの他からの眼差しを恐れながら、緊張関係の中で過ごしているようにも思われました。

五月の家庭訪問では、母親から次のような話を聞くことができました。
◆小さいときからすぐに泣いたり、いじけたりするので、がまんするちからを育てたいと思い、野球チームに入れているが、怒られるとずっといじけている。いじけたときは放って置かれるので少しはがまんできるようになってきた。

◆初孫で祖父の期待が大きく、小さいときから厳しくされ、怒られることが多かった。弟は怒られている兄を見ているから早めに取りかかりほめられることが多いので、よけい兄の方がいじけてしまう。

◆宿題とか仕事など取りかかりが遅く、ついつい怒ってしまい、K男は泣きながらやっているが、宿題は終わりきれないので途中までで寝かせている。

◆何事も中途半端で終わってしまうので、野球チームだけは続けさせたいと思っている。

家庭訪問では、長男としての期待が大きく、それがK男への強い注意になってしまっていることなど、K男の背景が少し見えてきました。また、母親は家にいると気疲れするので、K男が二年生になったときからパートで働くことにしたと話してくれました。母親も嫁として周囲の期待に応えようと緊張しながら子育てをしていたのです。

3 K男とつながる

K男にまず大切なことは「安心」です。

K男は自分の思いをじっくりと聴き取り、耳を傾けてくれる他者を求めていたのです。母親は祖父母の世話に追われ、じっくりと話を聴いてあげられずにいたのです。今、子どもたちの多くが聴き手不足の中にいます。子どもの話をじっくり聴く教師の対話のちから、そしてお互いの話を聴き合う子ども同士の関係性を育てていくことがクラスの中に安心感と信頼感を育てていきます。

K男もこれまで無視され続けた自分の思いが大切にされたことで教師や友だちが敵対的他者ではなく、信頼的他者として位置付き始めたのです。また、自分の行動を自己決定させることは自立への道でもあります。

K男はいつも期待に応えようとするが、上手にできず期待に応えられない自分に苛立っていました。まちがえないように、失敗しないように、負けないようにと、周りと常に緊張関係の中で過ごしていました。今、K男に必要なことは安心感です。泣かずに、いじけずに安心して自分の思いを言葉で表現できること、安心して失敗できること、安心して他者と関われることが必要でした。そこで、五月以降当面は次の三つを柱に、K男に関わっていくようにしました。

①K男が孤立、排除されないためにも、いじけたり、すねたり、泣きじゃくることは悪

いことじゃないこと。まだ子どもなので自分の思いは隠さず安心して表現していいこと。悔しいときには悔しい思いを、悲しいときには悲しい思いを遠慮せずに表現してほしいこと。そうすることで自分の気持ちが相手にも伝わること。だからこれからもすっきりするまでいじけていいこと、すねていいこと、泣いていいことを話しました。K男はこの話を驚いたような表情で聞いていました。

②子どもたちには私からK男の今の気持ちを伝え、落ち着くまで待ってあげるように話しました。

「今、K男くんは算数の問題をまちがえてくやしくて、そのくやしさが我慢できずにいじけているんだと思います。くやしいということは、次は頑張りたいという意欲のあらわれです。心が落ち着くまで時間がかかるようですが、すっきりするまでそっと待ってあげてください」

③K男が落ち着いたらゆっくりとそのときの思いを聴いてあげることにしました。

その日もK男は休み時間から戻ってくると、机の下に潜り込み泣きじゃくっていました。

「K男くん、どうした」

「ぼくばっかりねらってくる」

「ぼくばっかりねらわれたのか。つらかったね。すっきりするまでここで泣いていいよ。

でも、勉強する気になったら席に着くんだよ」

子どもたちには、次のように話して授業に入りました。

「今、K男くんは休み時間のドッジボールで自分ばかりねらわれたのがつらくて泣いています。つらいときは泣いていいよ。でも落ち着いたら先生にそのときのことを話せるようにしてください」

すると、いっしょにドッジボールをやっていた剛が、

「ねらってないよ。K男くんが前の方にいたからだよ」

それを聞いて、机の下からK男が叫びだしたのです。

「ねらった。絶対にねらった」

そう言って大泣きしたのです。

そこで、放課後にドッジボールをやった子どもたちで集まって話し合いを持ちました。まずは、K男の要求に応えていくことにしたのです。特にK男をねらっていない子ども達はK男の「二度続けてねらわないでほしい」という要求を受け入れてくれました。

K男は自分の要求が通ったことが嬉しかったらしく、この頃から休み時間に私の所に来て話しかけることが多くなってきました。家であったことや野球の話、話の中でのK男はいつもがんばっていました。話のないときには私の仕事の手伝いをしながら、私の傍から

離れようとしませんでした。友だち関係がまだ不安定なK男にとって私のところが居場所になっていったのです。

五月の末、体育の時間に体育館で準備運動が始まっても、K男の姿がみられませんでした。そこで、K男を探しに教室に戻ろうとすると、途中の階段のところでひとりで立っていたのです。トイレに行っていて遅れてしまったらしく、遅れて体育館に入って行ったときの子どもたちの眼差しに耐えられなかったのでしょう。また、「なんで遅れたんだよ」と攻撃されることへの不安がK男の身体を硬直させていました。

私が「どうした」と聞くと、「遅れたので（体育館に）入れない」と言う。「大丈夫だから、先生といっしょに行こう」と誘っても頑なにその場を動こうとしません。時間も気になったので、「自分のちからで体育館に行く。先生がちからずくで連れて行く。どっちにする」と尋ねても、黙って動こうとしません。そこで腕を取って引っ張って行こうとすると身体を硬直させ、「自分で行きます。自分で行きます」と言って泣きじゃくり始めたのです。

その行動が異常だったので、「教室に戻るか」と言うと、安心したように「うん」と答えました。そこで、「教室での休憩タイムは何分にしますか。五分、一〇分、一五分どれにしますか」と聞くと「五分」と答えたので、「体育館で待っているので、五分間ゆっくり休んだら、自分のちからで来るんだよ」と言って、K男を残して体育館に戻りました。

五分後、約束通り体育館の入り口までは来ることができたのです。でも、みんなの中には入れずにいたので、私が腕を引っ張ろうとすると、「自分で行く」と言って泣きながらみんなの中に入っていきました。

子どもたちにはK男が遅れた理由を話し、みんなら遅れたとき、どうするかについての話し合いを持ちました。多くの子どもたちが、「K男くんのはずかしかった気持ちはわかるけど、遅れた理由を言って体育館に行く」と話しながら、K男の行動から自分だったらどうするかについて話し合いました。

K男だけに限らず、集団生活の乏しい子どもたちにとって、場面場面での行動の仕方や集団の中で生きるわざを話し合いを通して確認していく必要があります。K男はその機会を与えてくれたのです。

4　子ども同士がつながる

〈1〉話し合いでつながる

K男が起こす様々なトラブルを個別に対応するのではなく、話し合いを通して集団とつなげていくことです。話し合いはそのトラブルをどう解決するのかではなく、「なぜ起きたのか」について話し合うことが大切です。「なぜ」を探っていったときに、K男の中に自分と共通するものを見つけていくのです。

このような話し合いを積み重ねていくことがK男理解を深めていくのです。また、K男は友だちから批判されることで自己中心性を少しずつ剝り落としていくのです。自己中心性を脱け出していくためには相互批判が必要なのです。

業間時間が終わり、三人の子どもが泣きながら教室に戻ってきました。K男に二人の子が殴られたという。ひとりの子は首に爪の痕が残っていました。K男がやったという。K男はすねて机に伏していました。二人に理由を聞いてみると、ドロケイをやっていてK男を捕まえたら、突然殴りかかってきたという。すると机に伏していたK男が起きあがり、「俺をねらっただろう。俺ばっかり何度も捕まえたじゃないか」と泣きながら叫び出したのです。

そこで、それぞれの言い分を全員の前に出してもらい、話し合うことにしました。

A雄「ねらったわけじゃない。近くにいたから捕まえた」

K男「近くにいたのはぼくだけじゃないのに、A雄くんはいつもぼくを追いかけてくる」

A雄「何度もK男くんだけ追いかけたのは悪かったかもしれないけど、近くにいたから追いかけたんです。捕まりたくなかったらケイサツのそばにこないでほしい」

N夫「すぐに捕まってくやしいK男くんの気持ちはわかるけど、捕まらない工夫をしてほしい」

教師「捕まってくやしいK男くんの気持ちはわかってあげたの」

S男「ぼくも捕まったらくやしいから、K男くんの気持ちはわかる」

教師「でも、くやしいとき、みんなはどうする。相手に殴りかかりますか」

A雄「くやしいときに泣くのはいいけど、殴られたらいっしょに遊べない」

N夫「くやしいけど、捕まったんだからあきらめる」

I男「A雄くんに一度捕まったら、次は捕まらないようにA雄くんから離れている」

教師「気持ちはわかるけど、その気持ちを表す方法はいろいろあります。どの方法を選べばよかったかをみんなでこれからも話し合っていきたいと思います。K男くんもくやしいときに今日の方法がよかったかどうか考えてください」

K男はみんなの話を、泣きながらもじっと聞いていた。最後に、「みんなの話を聞いて思ったことを話してごらん」と言うと、今までは注意されても耳を塞いで謝ることのなかったK男が、「ごめんなさい。もう殴りません。ごめんなさい」と答えたのです。みんなの要求がK男の心に初めて届いたように思えました。

〈2〉活動でつながる

学級の子どもたちがつながっていくためには文化活動が大切です。文化が子ども同士をつないでくれます。小石集めやキャラクター集めなど、学校文化から見ると、小さく、つまらないものでも子ども同士をつなぐ大きなちからになることがあります。そのためには、まずは教師がいろいろな文化活動を学級に持ち込んでいくことです。コマ、けん玉、折り紙、腕相撲など、昔ながらの遊びは今でも子どもを夢中にさせ、子ども同士をつなぐちからになっています。

K男にはいつもいっしょにいる決まった友だちはいませんでした。K男に友だちを誘うことの楽しさを教えたのは「会社活動」です。「会社活動」は子ども同士の自由なつながりをつくりだすことをねらいにして、次の四つのことを条件にしています。

①三人以上集まったら好きな「会社」をつくることができる。
②「会社」をつくったらポスターをつくり、社員を募集する。
③「会社」への出入りは自由とする。

④「会社」の活動にお金は絶対に使わない。ほしいものがあったら先生に相談する。

クラスにはカード会社、迷路会社、ボール会社、アニメ会社などいろいろな「会社」がつくられていきました。子どもたちは自分たちでグループをつくったり、壊したりしながら少年期の世界を創りだし始めました。

K男もいろいろな会社をつくっては友だちを誘い続けましたが、K男のつくった会社は長続きしませんでした。一番長く続いたのが「トランプ会社」です。しかし、K男の勝負へのこだわりや負けたときに泣いてぐずるために「会社」を辞める子が続き、最後はひとりでトランプをやっている姿が見られました。そこで、私が「トランプ会社」に入ることにしました。

K男に尋ねてみました。

「みんながどうしてトランプ会社を辞めてしまうのかわかる」

「ぼくがすぐ怒るし、負けると泣くから」

「どうして泣いちゃうの」

「わかんない、わかんない」

「わかんないけど、くやしくて涙が出てきちゃうんだ。つらいね」

「トランプ会社を続けていくにはどうしたらいい」

「負けても泣かないでがまんする」と、初めて自分から自分の弱さとたたかう決意をしてくれたのです。私はそのことを大いにほめてあげました。

その後、みんなの前で、「負けても怒らないし、泣かないので、トランプ会社に入ってください」と約束し、少しずつ社員を増やしていきました。やがてS男も入り、ケンカしながらもS男といっしょにいる時間が増えていきました。

七並べをしていてK男が負けそうになり、いじけて泣き始めると、「遊びだろう。泣くなよ。負けてもいいじゃん、楽しくやろうよ」とK男に話しているS男の様子から、二人の関係が対等になってきているように思えました。K男もS男に言われて涙を拭きながら抜け出さずにトランプを最後まで続けることができるようになっていきました。K男の変化はトランプ会社の子どもたちからも認められるようになっていきました。

九月の運動会では、三年生は「まつり」という曲に取り組みました。三年生が乗りやすい曲で、子どもたちは楽しく練習に取り組んでいましたが、最初のステップでつまずいたK男は練習中も、「できない」「わからない」と言って動こうとしません。小さなつまずきがK男の身体と心を閉じさせたのです。

クラスでは、ダンス好きな子を集めてダンス隊を編成し、昼休みも教室で練習していきました。そこで、ダンス隊からダンス先生を募集し、ダンスの苦手な子のために「ダンス教室」を開きました。この「ダンス教室」には、ダンスの苦手なS男もK男といっしょに参加し、ダンス先生のA子やY子に教えられながら少しずつ踊れるようになっていきました。学年の全体練習では踊ろうとしなかったK男でしたが、最初のステップをマスターすると、もともと身体を動かすことが好きなK男は楽しく踊るようになっていったのです。

ダンス教室のまとめでは、Y子たちから「がんばり賞」をもらいほめられることで、ますます意欲的に取り組むようになっていきました。ほめられることが少ないK男にとって、友だちからほめられること、認められることはK男にエネルギーをつくりだしていったのです。

また、班替えのときに班員同士でお互いの良さを探して書き合う「いいところさがし」（54頁〜参照）もK男と班の子どもたちをつないでいきました。

5　母親とつながる

教師は「家庭と共同して子育てしていく」というねらいをしっかりと持つことです。

そのためには保護者のこれまでの子育ての苦労や大変さに共感することです。「大変でしたね。よくがんばりましたね」という思いで出会うことが保護者の心を開いていきます。保護者が教師を信頼してくれたときには学級づくりの大きなちからになっていきます。

K男の母親は、懇談会の後、残って話をしていくようになってきました。母親も常に周りの眼差しの中で子育てし、毎日の忙しさの中でK男の感情を受け止められずに苦しんでいたのです。

そこで私は、K男は大人の期待に応えようとがんばるが、うまくいかないことが多く、その失敗を自分で受け入れられずに、すねる、ぐずる、泣くということで心のイライラを表現しているように思われる。今、彼に必要なことは安心感であること、安心して失敗してよいこと、失敗しても責められないという安心感を育てていくことが必要であること。また、自分の思いを言葉で表現できるようになることが必要であることを伝え、何かやらせようとすると疲れるので、いっしょにおしゃべりしながらやれるものがあるといいこと。そのためにはおじいちゃんとの話し合いが必要であることなどについて話していきました。

すると、一一月の個人面談ではK男が料理づくりの手伝いをしてくれること、目玉焼きや野菜を切ることなど進んでやってくれることなどをうれしそうに話してくれました。台所には弟は入れないのでK男が母親を独り占めする時間になり、いろいろなことを話してくれると言います。

この頃からK男の夢がプロ野球選手からケーキ屋さんへと変わっていきました。母親が訓練主義、鍛錬主義とはちがった子育てを求め始めたように思えました。

6　K男の変化

子どもの変化には敏感でありたいものです。教師は子どもの小さな成長をしっかりとみつめ、大きな評価をすることが大切です。子どもは友だちや身近な大人からほめられることで自己肯定感が育まれていきます。教師の「成長したね」の言葉が、少年期の子どもたちに自信を与え、新しいことに挑戦していく意欲を育てていくのです。

三学期になり、「ボール当てをして遊んでいた六人の子どもたちが、私のところに、「K男くんがねらってないのに、ねらったといって途中でやめて行った」と訴えてきました。K男はみんなに責められたのに泣かずに戻ってきたのです。そして私に、

「続けるとケンカになりそうだから途中でやめた。絶対ぼくをねらっていたから学級委員に言って話し合ってもらう」

「えらいね。みんなからねらわれてつらかったけど、すねずに、泣かずに我慢できたんだ。成長したね」

この後、二日間かけてK男は六人の友だちといっしょにボール当てのルールづくりに取り組みました。このルールづくりでは「途中でやめるときには、だまってやめない」などK男への要求も書かれてありました。

この時期、K男は交換ノートに野球部のことを書いてきました。

《野球部で、ぼくがノックをうける番になると思いっきり打ってきます。ぼくはけっきょくとれません。かんとくが『ちゃんととれ』とどなってきます。何回やってもとれません。とってもいらいらします。次の日もそうです。いっつもぼくだけどなられます。ぼくはむかむかします。》

K男は初めて自分の思いを言葉で表現することができたのです。

7 四年生になって

〈1〉K男に活動の広がりを

四年生になって、私はもう一度K男の担任になりました。学級では五月に「相撲」に取り組みました。三年のときも体育の時間にやったことがあり、K男が得意な種目でした。この相撲を通して、K男が活動を広げ、人と関わる楽しさと、自信を持って人に働きかけるちからを育てたいと思いました。

身体の大きなK男は学級の相撲大会でも、学年の相撲大会でも活躍することができました。相撲では負けても泣いたり、いじけることはなくなりました。自信が感情をコントロールし、我慢するちからが育ってきたのです。

この頃から部活のない水曜日に一〇人くらいの子どもたちが集まって遊ぶことが多くなり、K男もその遊びに参加するようになっていきました。K男は少しずつ少年期の世界で生き始めたのです。活動が広がっていくにしたがって、K男の言葉も増えていきました。交換ノートに家のこと、友だちと遊んだこと、野球の試合の様子など、ノート三ページにわたって書くようになってきました。

二学期の最後の交換ノートには、次のような文章が書かれていました。

《二学期もおつかれさまでした。ぼくは先生がすきです。先生のおかげでいじけることも少なくなりました。三年のときは泣き虫だったけど、四年生になってぜんぜん泣かなくなりました。三年のときはめいわくかけたけど、友だちもふえたし、もうだいじょうぶです。》

〈2〉「親の仲良しノート」

四年になり親同士も孤立した子育てから抜け出し、お互いを理解しながらつながることを願って「親の仲良しノート（回覧ノート）」を始めました。親は学期に二〜三回ほど回ってくるノートを途切れることなく続けることができました。

そのノートには家族紹介、得意なこと紹介、今ハマッていること、料理紹介、お誘いなど、それぞれが自由に書くことができます。書くことに抵抗のある人も他の人が書いたものを読むことは楽しいようでした。私自身も子ども理解にとても役立ちました。

K男の母親は、K男の野球の試合での活躍や台所でいろいろな料理に挑戦していることを楽しそうに書いてくれました。子育ての変化を感じることができました。

四年になっての家庭訪問でK男の母親は、「三年生のときは学校でのことが心配で友だちの母親にメールでK男の学校の様子を聞いていましたが、この頃は安心してK男を見守ることができるようになってきました」と話してくれました。

実践❷

「お助け隊チーム」に支えられたM雄との一年

❖校舎中に響き渡る奇声

「ウォー」とM雄の奇声が校舎中に響き渡る。その度に授業はストップする。M雄（小三）は三校時頃になると毎日のように徘徊し、隣のS子に抱きついていた。五校時になると大声で奇声を発し始める。M雄の行動に私も子どもたちも立ちつくす日々が続いた。

S子はM雄と幼稚園からずっといっしょのクラスだった。毎時間、抱きつかれたりしていたが、辛抱強くM雄に関わっていた。私が、「大丈夫なの、辛かったら席を替えてもいいよ」と尋ねても、「大丈夫、慣れているから」と答え、席は今のままでいいと言う。

S子以外にも毎日一〇人以上の子が抱きつかれたり、頭を叩かれたりしていた。一番私を悩ませたのは授業中の奇声である。一、二年と同じクラスだった子は、「平気、もう慣れている」と言うが、私や初めてM雄といっしょになった子どもたちにとっては大変だった。耳を塞ぐ子どももいた。

M雄は毎日新しい自由帳を持ってくる。その自由帳も二校時までにほとんど使い切ってしまう。そこで好きなお絵描きに集中できるように画用紙や段ボールを用意してみた。M雄はその画用紙や段ボールに五分ほど絵を描いたり、はさみで切ったりしていたが、すぐに飽きて立ち歩き、抱きつきが始まった。M雄の立ち歩きや抱きつき、奇声が特に激しくなるのは五校時である。五校時はほとんどM雄につきっきりの状態であった。

M雄は新しい教室、新しい友だち、新しい教師の中で、試験観察をしながらもがいているように見えた。

✣家庭訪問でわかった子育ての苦しみ

四月は指導の糸口を求めて、家庭訪問を続けていった。

母親は穏やかな方で、私との話にも快く答えてくれた。母親との話から次のことがわかってきた。

①幼稚園のときにはほとんど言葉が話せず、友だちに抱きついて嫌がられたりしていた。毎日のように顔や首に傷をつけて帰ってきていた。血を出しながら帰って来ることもあっ

た。背中や腕にはつねられた痕がついていた。幼稚園は、ケンカした相手など教えないことになっており、幼稚園でどんなことがあったのかわからなかったという。被害者意識を強く抱いていた。

②小さいときから喘息があり、食べ物など好きな物しか食べさせなかったので偏食は激しくなってしまった。まだ箸が使えず、スプーンを使っている。給食もほとんど食べないときがある。

③一年生のときは、学校での様子が心配で廊下で見ていたが、二年生からは送り迎えだけにしている。それでも心配なので、下校途中のクラスの子どもにM雄の学校での様子を聞いていた。二年生の後半くらいから、友だちに学校での様子を聞かれるのを嫌がるので聞かないようにしている。

④ノートや鉛筆は一日でダメにしてしまうので、毎日準備するのが大変である。キーホルダー集めにこだわっている。

母親の話から、幼児期からの子育ての苦しみが伝わってきた。

「お母さん、これまで大変だったね。よくがんばってきたね」と言うと、母親は安心したように、「よろしくお願いします」と笑顔で応えてくれた。また、翌日の第一回保護者会にも是非参加してくれるように頼むと、快く承諾してくれた。

✣保護者会で伝える

保護者会での我が子紹介で、M雄の母親は、次のようにあいさつした。

「M雄の母親です。M雄は友だちづくりが苦手で、いつもご迷惑をおかけしていますが、宜しくお願いします」

私はM雄をめぐってこれから様々なトラブルが起こると思われたので、保護者会の最後に、少しでもM雄を理解してもらえるように、次のように話した。

「M雄くんはこれから、いろいろな面で多くの子どもたちに迷惑をかけることがあると思います。昨年度までいっしょだった子どもたちは本当によく面倒をみてくれて頭が下がります。でもダメなことはダメとしっかり教えていきたいと思っています。何かあったら、我慢することなく私の方に連絡してください。M雄くんにとっても、ほかの子どもたちにとっても、お互いに関わり合い、支え合いながら成長し合えるクラスにしたいと思っています」

M雄がいることで、ひとり一人が成長できるクラスにしたいことを伝えていった。しかしM雄を抱えての最初の一週間は、事務処理の多さもあり本当に疲れ切った。

❖指導の糸口を求めた四月、ヘルプの五月

四月は、私を試験観察しているかのようにM雄の徘徊、抱きつき、暴力が続いた。私もM雄が私の指導を受け入れてくれる糸口を求めて様々な働きかけをしていった。シール作戦、ホメホメ作戦、なでなで作戦、謝り作戦など試していったが、M雄はあまり関心を示さず、ほとんどその成果はみられず、彼の行動にほとんど変化はみられなかったが、私への関心は持ち始めたように思えた。

五月に入ってもM雄の行動は私の心を痛めつけた。私の言葉がM雄にはなかなか届かなかった。M雄が抱きついたり、殴り始めたときには力ずくで止めるしか方法はなかった。

四月はM雄の起こすトラブルに対して私だけで対応していたことを反省し、五月は私の方からヘルプを出し、いっしょにM雄に関わってくれる仲間を求めていった。

〈1〉「お助け隊チーム」結成

まずは、一、二年生と同じクラスだったI子、K子、S子、T子の四人で「お助け隊チーム」を結成し、M雄の指導を助けてもらうことにした。このチームには次の三つのことをお願いした。

①M雄くんの隣の席に交代ですわる。

②業間時間にM雄くんを遊びに誘い、無事に戻ってくる。
③休み時間にM雄くんの身の回りを私と一緒にきれいにしたり、鉛筆を削ってあげる。

このチームはやがて七人になり、毎時間席を交代しながらM雄を囲みながら遊ぶ姿が見られるようになっていった。時どきM雄に抱きつかれたり、髪をつかまれたりしながらもM雄に辛抱強く関わってくれていた。この「お助け隊」の子どもたちに本当に助けられた。そして、この「お助け隊」の子どもたちがM雄と他の子どもたちとの距離を縮めていった。

〈2〉他の教師への具体的な援助要請

学年体育や学年行事で私が全体指導をしているときにもM雄は前の子に抱きついたり、S子を叩いたりするためにいつも傍にいて手をつないであげる必要があった。そこで、私が全体指導をするときには学年教師にM雄についてもらうことにした。これだけでもずいぶん助けられた。学年教師のM雄との関わりで、M雄理解が少しずつ職場に広がっていった。

また、掃除の時間もM雄はいたるところでトラブルを起こし続け、他の子の指導ができない状態になっていた。そこで掃除の時間だけM男には特別教室の掃除をしてもらうことにして、H先生に見てもらうことができた。何人かの先生の具体的な援助は大いに助かった。

〈3〉特別支援部会で援助要請

特別支援部会で、M雄指導の大変さを訴え、SS（スクールサポート）の要請をお願いした。SSは五月後半からつくことになったが、他のクラスにもSSを必要としている子どもがたくさんいるとの理由で、M雄には週三時間しかつけてもらえなかった。M雄指導の大変さを具体的に関わったことのない先生方に言葉だけで理解してもらうことの難しさを感じた。

五月は子どもたちや多くの教師に支えられ、精神的には負担が少し少なくなったが、M雄の徘徊、抱きつき、奇声、暴力の行動は続いていて、指導の困難さは続いていた。

❖居場所づくりの六月

〈1〉M雄を排除しない仲間たち

クラスの子どもたちは、M雄に殴られたり、抱きつかれてもやり返すことはなかった。私が心配して「大丈夫か」と聞くと、どの子も「大丈夫だよ」という返事が返ってきた。やり返したり、先生に言いつけたりすると、それ以上に殴られ、悪口を言い続けられた経験をしている子どもたちは、M雄との関わりを避けていた。静かな排除である。しかし、一番やられることが多いS子や「お助け隊チーム」の子どもたちに「どうしてそんなにM

雄くんに優しいの」と聞いても、「M雄くんといると楽しい」と言う。放課後にM雄の家に遊びに行く子も増えていった。子どもたちは私の見えないところでM雄との関係をつくりだしていた。

ある日、家庭訪問でM雄の家にいるときに、数人の女の子が遊びに来たことがあった。すると、M雄は身体全体で喜びを表現し、彼なりの精一杯のもてなしをしていた。遊びに行った子も自分が歓迎されていることに喜びを感じているようであった。M雄はクラスの中でトラブルを起こし続けても、クラスの中に排除しない仲間がいたことは救いであった。

〈2〉段ボールの家作り

M雄は友だちの名前と顔がなかなか一致しないなど他者認識の弱さが感じられた。他者認識の弱さもM雄の不安感を大きくしているように思えた。

六月はM雄が安心して過ごせるように居場所づくりに取り組んでいくことにした。まず、段ボールの家作りである。大きな段ボールを三つ重ねてM雄の休憩室とした。M雄は大いに気に入り、授業中もその中で過ごすこともあった。

休憩室の中にはお絵描きノートと大きなドラえもんのぬいぐるみを入れて楽しそうであった。休み時間には多くの子どもが休憩室の周りに集まり、M雄と一緒に中に入って過ごす子もいた。この休憩室も二週間ほどで壊れてしまったが、授業中の徘徊は少なくなっていった。また、段ボール遊びは他の子どもたちにも広がり、段ボールクラブが誕生しクラスの遊びになっていった。

〈3〉友だちカード作戦

もう一つは「友だちカード作戦」である。M雄に他者認識のちからを育てたいと思い「友だち」と書いたカードを二〇枚あげた。そして、M雄に「友だちになってほしい子に、『友だちになってください』と言って、このカードをあげるんだよ。このカードをもらってくれたらM雄くんの友だちだよ」と話した。

クラスの子どもたちには、「M雄くんと友だちになってもいいよと思ったら、『友だちだから、殴らないでね』と言って友だちカードをもらってください。もし、M雄くんに殴られそうになったら、カードを見せて、『友だちだよ』って言うんだよ。それでも殴ってきたら、『友だちやめた』と言ってカードをM雄くんに返してください」と話して「友だちカード作戦」が始まった。

子どもたちはカードをもらいたくて、M雄の周りに集まった。M雄もうれしそうに、「友だちになってください」と言いながらカードを渡していた。カードを使った関わりが生まれていった。この「友だちカード」遊びはクラスの遊びへと発展し、様々な「友だちカード」が作られていった。M雄の元にもたくさんの「友だちカード」が集まった。

この頃から、体育や集会で前の子に抱きつくことなく並べるようになっていった。また、三校時頃までは寝ころびながらも静かに過ごすことが多くなり、奇声も減っていった。このM雄の変化はクラスの子どもたちからも認められるようになっていった。また、M雄の居場所づくりが他の子とのつながりを生み出していった。

❖M雄の暴力をめぐっての話し合い

M雄の授業中の奇声は減っていったが、M雄の暴力はなかなか減らなかった。そこで、「M雄くんから殴られないためには、どうしたらいいだろう」というテーマで話し合いをもった。話し合いの中心になったのは、S子を中心とした「お助け隊」の子どもたちであった。

S子「M雄くんにやめてって言うと、もっとやってくるから黙っていた方がいい」
I子「お母さんにM雄くんの悪いことを言うと殴ってくるから、お母さんの前で悪いことを言わない方がいい」
教師「お母さんに悪いことを言うと、M雄くんはどうしておこるんだろうね」
I子「お母さんに自分の悪いことは知られたくないいんだよ」
T子「私も悪いことはお母さんに知られたくない」

教師「気持ちはM雄くんもみんなもいっしょだね」
K子「取られたものを取り返そうとすると殴ってくる」
S子「いっしょに遊んでいるときは殴ってこないよ」
この話し合いでM雄がどんなときに殴ってくるのかが少し見えてきた。
◆「やめて」と行動を制止されたとき
◆お母さんに告げ口されたとき
◆自分が取ったものを取り返されそうになったとき
M雄は黙っていたが、話し合いには関心をもっていたようなので、尋ねてみた。

「M雄くんが殴りたくなるときはほかにあるかな」

M雄は黙っていた。そこで、

「みんなにしてほしくないことはありますか」

少し黙っていたが、「赤ちゃんと言わないでください」と答えた。

子どもたちは、M雄が自分からお願いを言ったことにやや驚きながら、

「わかった。言わないから、M雄くんも殴るのをやめてください」

と、初めてM雄と子どもたちの話し合いが成り立った。このような話し合いを通して子どもたちは少しずつM雄との関わり方を学んでいった。

❖M雄の日記コーナー

七月に入ると、M雄は授業中に周りの子に手紙を書いて渡すという遊びを始めた。読みにくい字であるが、字を書くことは嫌がらないので、かわいい日記帳を用意して、朝来たら、前日にお家であったことを「日記」に書いてもらうことにした。そして、その日記を朝の会の「M雄くん日記コーナー」で本人に読んでもらうことにした。M雄は時々つかえながら読み切り、みんなから拍手をもらってうれしそうだった。

このコーナーはその後も続き、朝来るとすぐに日記を書くという習慣がつくられていった。子どもたちもM雄が、今日はどんな日記を読むのか楽しみになった。さらに日記を通してM雄の生活が見えるようになり、また、M雄理解のちからにもなっていった。

一学期はM雄にこちらから関わりをつくりだしながら、M雄の学級での居場所づくりと学校リズムに合わせた生活づくり、そして私の言葉を受け入れることができる身体づくりを中心に取り組んできた。また、多くの子どもたちがM雄との関わりをつくりだしていった。

❖M雄の自己決定を尊重する

二学期に入り、運動会の練習が始まると、M雄は次第に落ち着きを失っていった。学年練習では前の子を叩いたり、みんなと一緒に並ぶこともできなくなっていった。ダンス「エイサー」で使う棒で周りの子を叩くためにダンスの用具を持たせることもできない。私はM雄の指導で精一杯で、クラスの指導はほとんどできない状態だった。ときには母親に来てもらい、母親の傍でクールダウンすることもあった。

運動会当日は母親が後ろについていたこともあり、閉会式までは大きなトラブルを起こすことなく過ごすことができたが（新しい場面では緊張し、静かにしていることが多い）、帰り際六年生の腕に噛みつくという事件を起こしてしまった。

M雄は荒れることで、私や周りの子どもたちと新たな関わり方を求めているように思えた。これまでは私の方からM雄の変化を求めての関わりを急いでつくりだしてきたように思う。そこで、少し距離をおき、M雄の声を聞き、M雄の自己決定に任せていく。活動前に予想されることをM雄に話し、してしまったことにはイライラしない。また、使いたい物があったら、先生に言えばできる限り貸してあげる。

授業の前には「この時間には何をやりますか。お絵描きにしますか、漢字を書きますか」と聞き、M雄が自分で決めたことをやってもらうことにした。一、二年生用の漢字ドリルや計算ドリルを数冊用意しておくことにした。立ち歩きを始めたら、制止せずに、

「何をしたいの、みんなに話したいことがあるの」と、M雄に対し、思いは受け止めていることを知らせていった。

一一月頃から、関心のある事柄には飛び込み発言をするなど授業に参加するようになっていった。四校時になると立ち歩きが始まるが、大きく授業妨害することはない。しかし、五校時には落ち着きがなくなる日がある。私の言葉に対してもオウム返しで返してくるようになり、私の言葉がM雄に入らなくなっていく。顔つきも変わり、ボーとした感じになる。

そこで、事前に他の先生にもお願いし、保健室、職員室などに手紙を持っておつかいに行ってもらい、クールダウンすることにした。おつかい好きのM雄は喜んで行き、ゆっくり戻ってくることでクールダウンしていた。職場のサポート体制が少しずつ広がってきたことが感じられた。

またM雄が嫌がることは要求しないようにしていった。M雄を学級の生活に合わせることより、M雄が生活しやすいように周りが無理せずできることはしてあげる。無理しないで私も子どもたちもM雄に関わるようにしていくことで、私自身も精神的な緊張感が少しずつ消えていったように思える。

❖M雄への取り組みで生まれたクラスの変化

M雄との関わりを通して、私も子どもたちも多くのことを学ぶことができた。M雄自身の変化はゆっくりであったが、少しずつ他の子どもたちとの関わりが生まれていった。その中心になったのがS子を中心とした「お助け隊」である。彼女らの関わり方を通して他の子どもたちもM雄との関わり方を学んでいった。

また、M雄が起こす様々なトラブルに対し、起こす度に行われた話し合いはM雄理解を深めていったように思われる。

そうしたM雄との一年間の中で、一番大きな変化だったと思うのは、クラスの中に安心感が生まれたことである。M雄を排除・差別しないで関わり続けた教師や子どもたちの姿は、これまで学級の中で排除され、孤立しがちだった他の子どもたちを安心させていった。

私自身、M雄との一年間は腰痛になるなど、体も心もくたくただったが、子どもの見方や、さらに子どもたちや同僚と共同して実践を進めていくことの大切さなど、教師としてのちからを育ててもらったと思っている。

実践❸

親とつながりながら、稔と篤の自立を探る

〔1〕稔と篤のいる学級

稔は一年生のときからよく目立った子であった。授業中も廊下で遊んでいる場面をよく見かけた。一、二年生の指導記録には、授業中に教室を抜け出すことがたびたびある、身辺整理ができず机のまわりが乱雑である、字が乱雑で読み取れない等、指導上の困難さが書かれてあった。

このような稔に対して、一、二年の担任はたいへん厳しく接した。机ごと廊下に出されている場面をよく見かけた。

三年生の五月に篤が、稔と同じクラスに転入してくると、稔は篤と結び付きさまざまな問題行動を起こし、教師の指導をさらに困難なものにしていった。篤は稔以上に落ち着きに欠け、授業中も席に着いていることができず、教室を抜け出し、ブランコに乗って遊ん

でいることもたびたびあった。また、腹がたつと上級生であろうと、相手かまわずに向かっていく等、転入後すぐに、校内での問題児ナンバー1にあげられた子でもある。この篤と稔の起こす問題は教師を疲労困憊させた。三年のときの担任は篤や稔を教頭や学年主任に預けて指導してもらうこともしばしばあった。

四年生でこのクラスを受け持つことには、多少のためらいもあったが、稔や篤への個人的な興味もあり、このクラスの担任を引き受けることにした。

〔2〕二人との出会い

始業式が終わり、学級でゲームを中心に簡単な「学級びらき」を行なった。稔と篤も、ジャンケンゲームなど簡単なゲームにはすぐに参加し、みんなといっしょに楽しむことができた。ゲームをしているときの顔は、三年生のときによく見かけた目つきの鋭い野獣のような顔とは違い、穏やかな顔つきだったことが印象的である。しかし、翌日から二人は、クラスのリズムからはみ出し始めた。授業が始まると必ずトイレに行くのである。

まず最初に稔が、「先生、トイレに行ってくる」と言って、教室を飛び出す。すると、それを見ていた篤が、「俺も」と教室を飛び出して行く。私が、少しそれを制するような顔をすると、稔は教室の入口のところで、私の顔色をうかがいながらそっと出て行く。篤の方は、私の顔色など全く気にせずに一目散に飛び出して行く。やがて、一〇分ほどしてから、二人そろって廊下で大声を出しながら教室に戻ってくる。「ヤアー」「ガラガラ」「バタン」、授業はストップである。

掃除のときなどは、二人そろって校庭に飛び出し、あちこちでいたずらを繰り返しながら、五校時の途中で戻ってくるという状態であった。

予想はしていたものの、私は心のイライラを押さえ込むのに必死であった。二人とも（特に稔は）私という教師を試験観察しているように思えた。今、ちからで押さえ込んだら二人は反発し、二人だけの世界に閉じこもり、次に彼らの心をつかむのに苦労すると思い、四月は彼らの行動をそのまま受け入れ、彼らの世界を理解していくところから実践をスタートしていくことにした。

そして、彼らへの要求も「先生は、……してもらいたいと思っているけど、どうする？」と、彼らの自己決定を引き出すような問いかけをしていった。最初は、ほとんど拒否されたが、たまに「うん、やる」と、すなおに要求を受け入れてくれるときもある。そんなときは、「いい子だ、いい子だ。先生は君が大好きだよ」とおおいにほめてあげた。

〔3〕指導の第一歩

◆稔の母親に示した三つの要求

私が怒らないことがわかると、稔がまず私に寄ってきた。休み時間になると、私の膝に乗ってきたり、おんぶされにきたり、私に体中で甘えてきた。私は稔の甘えをそのまま受け入れていくことに努めた。

稔は三人兄弟の真ん中で、下の弟は生後九カ月である。母親は保育園の先生であるが、稔へのこまかな躾は全く抜けていた。また、母親は、稔が学校との出会いが悪かったために強い学校不信を持っており、教師の指導を受け入れないために、問題は学年が進むにつれてより深刻化していった。

稔が四年生になり、私との関係が深まるにつれて、母親も少しずつ私に心を開いてくれるようになった。そして、「一、二年のときには先生が厳しかったので私もぴりぴりしていて、十分に甘えさせる経験をさせなかった。私自身が子どもを甘えさせるのが苦手で、稔を放っておいた気がする」と、親としての足りなさを認識しており、私が学校でのようすを話すと、私の示した次の三つの要求を快く受け入れてくれた。

(1)一日一回は稔を抱いてあげて、話をじっくり聞いてあげてほしい。

(2)学校と家庭での連絡を密にするために、通信ノートをつくりたい。

（3）一日一ページ学習ノートを見てあげてほしい。

学校と家庭で稔を十分に受け入れることで、安心して自分を表現できる場所を学校、家庭それぞれでつくりあげることが、自立への第一歩であると考えた。

◇稔の変化

学校での稔は、休み時間になると、私から離れようとしなかった。二人だけの世界が五月いっぱい続いた。私は徹底して稔に付き合っていった。まわりの子どもたちも、そんな私と稔との関わりを関心を持って見ていた。いつも注意されていた稔が教師と仲よく遊んでいる姿は、稔の新しい面の発見であり、新たな教師との出会いであったように思える。

このような取り組みの中で、稔も私を受け入れてくれた。掃除や朝自習などへの要求も、受け入れてくれることが増えていった。また、授業中も席についていることが多くなっていった。そんなときの稔は、実にすなおであった。

五月末頃になると、私と稔との間に洋子、優子、昌子たちが入り込んできた。彼女らも稔を通して私と関わろうとしたのだろう。第三次班の好きな者同士による班編成では稔と同じ班になり、朝から帰りまでよく関わってくれた。稔がプリントをやったり、掃除をしたりするたびにシールをあげるなど、私のホメホメ作戦を真似し、私そっくりに関わってくれた。また、帰りの会の班自慢コーナーでも稔の成長が何度も報告され、稔はいい気分であった。

私は他の先生方にも、機会あるごとに稔の成長を話していった。先生方も廊下などで出会うと、「稔ちゃん、いい子になったね」などと声をかけてくれた。稔はますますいい気分になり、六月頃には生活全体が落ち着き、苦手だったノートも進んでとるようになった。ただ、自分から友だちをつくることには臆病だった。

篤は、そんな稔の成長を横目で見ながら、教室を出て行くことは少なくなってきたが、教室内を四つ足で徘徊したり、床に寝転がったり、突然奇声を発したり、落ち着く気配は見せなかった。また、激しいチック症状をもっていた。

〔4〕篤の生きてきた世界を知る

◇篤の身体と生活

篤の生活は乱れていた。夜一一時過ぎまでテレビやファミコンをしてから眠るために遅刻が多く、また、朝食をとらずに登校することもたびたびあった。さらに、上級生であろうと下級生であろうと相手かまわずに悪口を言い、相手が言い返したり、向かってくると野獣のような顔つきになって暴力的に相手に向かっていった。

また、学習する身体が全くできていなかった。授業中も席に着いていることができず教室を抜け出したり、教室内を四つ足で徘徊することが多かった。ノートをとる習慣も全くできていなかった。また、身体や生活に関わって次のような事実も見えてきた。

①篤の身体について

◆歩き方がおかしい。かかとをほとんど着けずに歩く。そのためまっすぐに歩けず、歩くリズムも一定にそろえることができない。走力も劣る。小児喘息があり、体育を休むことが多い。喘息のため下腹部の右側が異常にへこんでいる（胸郭異常）。

◆一〇分おきに「ウッ、ウッ」と声を出すチック症状があり、その声は授業中よりも休み時間や体育の時間など自由に動けるときの方が大きくなり、その間隔も短くなる。

②生活について

◆家から持ってきた鉛筆や消しゴムなど帰りにはほとんどなくなっている。

◆教科書の表紙のビニールをすぐに剥がす。上履きの底もちからづくで剥がしてしまい、すぐに履けなくしてしまう。

◆比較的落ち着いているときには、席に着いてノートに絵を描いて過ごす。その絵の内容はほとんどがたたかいの絵である。

◆ズボンを前後反対にはいていることがあり、「反対だよ」と注意すると、「いいよ」と一日反対のままでも平気で過ごす。

篤の自立を援助し、育てていくためには、まず篤のこれまで生きてきた世界を知らねばならないと思った。「分析なくして指導なし」である。そのためには家庭との連携は必要不可欠であり、実践の大きなテーマであると思った。

◇母親とつながるために

一年生に入学して以来、わが子の問題のみを指摘され続けた母親は、学校に対して頑なに心を閉ざしていた。私は、まず母親の心を和らげ対話できる関係をつくりたいと思った。四年生になってそんな母親でも新しい担任にはわずかながらも期待感は持っているに違いない。そこで私がそれまでの教師と同じように篤に接したらその期待感を踏みにじることになると思った。母親は、きっとわが子について今までとは違った見方をしてほしいという願いを持っているのではないだろうか。

まず私が篤の良さを発見し、それを母親に知らせていくことにした。母親との信頼関係が成り立つまでは篤の問題行動については目をつぶっていくことにした。しかし、篤の良さといってもなかなか見つけられない。そこで、たとえ私の指示で活動したとしても、み

んなといっしょに活動できたと、母親に伝えていった。篤にも、

「先生からほめられたことは絶対にお母さんに話してあげるんだよ。四年生になったら、がんばっていることを話してあげるんだよ。学校でがんばっていることがお母さんにとって一番うれしいことなんだから」

と話し、学校と家庭が共に篤をほめ合う場にしていくようにした。このことは、篤にとっても母親にとっても新しい世界との出会いであった。

私は学校を、注意し、規制し、適応させるところから、認め、励ます場にしていきたいと考えていた。また、そのことが親の心を解放させ、子育てを共同していくちからになるだろうと思った。何度かの家庭訪問を通して、母親は篤の生育歴についても語ってくれるようになった。

◆篤の生育歴

篤の母親は一九歳のときに父親と出会い結婚したが、父親の暴力が原因で二四歳で別れている。そのとき、篤は五歳だった。篤も父親から殴られて育ってきた。

母親はそのときのことを、「篤には親の一番醜いところを見せてきた。毎日怒鳴り合いで篤にも手を出すようになったので、もうだめだと思った」と話してくれた。篤はこのよ

うな家庭の中で、幼児期の母子一体感を経験せずに生きてきた。

母親は離婚後、夜の仕事を始めた。夜七時に出かけ、朝四時ごろ家に帰るという生活であった。一人っ子の篤は夜をたった一人で過ごさなければならなかった。そんなひとりぼっちの夜の生活が三年生まで続いた。

篤が三年生になると、教師から篤の問題をいろいろと指摘されたので、仕事を昼間に変え、夜の仕事を週三日に減らした。しかし、夜の仕事のある日は、昼の仕事が終わってから行くためにほとんど眠らない生活をしていた。

このような母親の生活が篤の心を荒ませていった。母親の愛情を激しく求めながらも、その思いを受け止めてもらえないいらだちを、友だちにぶつけているように見えた。また、友だちを求めながらも、交わるわざを持たない篤は、悪口やちょっかいで友だちに関わろうとするのであるが、そうすればするほど友だちとの関係を失っていった。

このような生活にストップをかけるためには、学校では集団の中で生きるちからを獲得させ、家庭ではそれを支える愛情関係を回復させ、母親に親として成長していこうというエネルギー源を取り戻してあげたいと思った。

◇母親の願い

母親と子育てで一致したいと思い、「お母さんは篤くんをどのような子にしたいと思っているんですか」と尋ねてみた。すると母親は、「私は篤を高校に行かせたいんです。高校に行かせないと一人前に扱ってもらえないし、まともな仕事にも就けない」「私は高校を中退してしまったので、高校を卒業してない者のつらさをよく知っているんです」と、自分が仕事で苦労したときのことを話してくれた。

高校を中退し、底辺の階層から抜け出せずにいる母親にとって、高校卒業は今の階層から抜け出るための必要条件であり、最低の生活を保障するものだった。そこで、まずは母親の思いを共有し、学習を柱に共同して取り組んでいくことにした。

母親の願いを受け入れ学習させたいと思っても、学習に耐えるだけの身体が篤にはできていなかった。席に着いて本を読んだり、ノートに字を書くなどの学習スタイルもほとんど身につけていない。まず学習できる環境と身体をつくるために家庭と学校が役割を決めて取り組んでいかなければならなかった。

家庭では情緒面で安定させるために、母親といっしょにいる時間をできる限り確保してもらい、風呂にいっしょに入ったり、寝るときに読みきかせをしたりすることを頼んだ。

また、国語の本にふりがなをつけて毎日一ページだけ音読練習をして家庭学習の習慣をつけ、その時間を軸にしながら生活リズムの確立にも取り組んでもらうようにした。母親には、

「朝食をとらずに学校にきたり、寝不足だったり、叱られて学校にくると、情緒面で安定していないために学習に参加することができなくなります。学習はかなり自分の欲求をコントロールして耐えるちからがないとできないことです。まずは情緒面で安定させながら学習に耐える身体をつくることが必要です」

と訴え、高校に行かせるためには幼児期の母子関係の回復と生活リズムの確立が何としても必要であることを繰り返し話した。

〔5〕篤の暴力

稔は友だちから「稔ちゃん」と呼ばれ好かれていたが、篤は子どもたちから（特に男子から）強く拒否されていた。その主な原因は篤の暴力である。少しのことで腹をたて、カッとすると、すぐに殴りかかる。

また、相手の傷つくことを大声で怒鳴りたてる。相手が下級生であろうと、上級生であろうと、自分から殴ったり、悪口を言ったりしているのに、相手が殴り返してきたり、悪

口を言い返してくるとパニックを起こし、まるで野獣のような顔つきになって相手かまわずに向かっていった。

私も篤に関わろうと、砂場で相撲をとったり、プロレスごっこをしたりするのだが、途中までは楽しく遊んでいたはずなのに、突然のように顔つきが変わり暴れだすのである。

学級の中で篤からよくねらわれるのは、正男、義男、英雄などの比較的おとなしい子であった。女子でもおとなしい子が、篤から悪口を言われてよく泣いていた。彼らから関わることはほとんどないのに、殴られたり、悪口を言われるのである。しばらくは、どうしてこの子らがねらわれるのかわからなかった。そこで、篤のようすを観察し続けると、六月頃にその原因が少し見えてきた。

篤は最初、彼らに遊び心で突いたりしながらちょっかいをだす。すると、彼らはそれを真底嫌がるような顔つきで、「やめろよ」とちょっかいをやめさせようとする。篤はますますおもしろがって突いてくる。この篤に対して、ちからで対抗できない彼らは、鋭い目つきでにらみ返す。これが彼らにとっては精いっぱいの抵抗だった。しかし、その冷たく敵意むきだしの眼差しが篤には耐えられなかったのだ。しだいに顔つきが変わり始め、本気で殴りかかっていく。篤のちょっかいに対して、同じように遊び心で対応できる子に対しては、殴りつけることは少ない。

そんな様子から、篤はちょっかいをだすことでしか他者と交われない子であり、非常に幼稚な交わり方しか身につけていない子であるように思えた。また、自分に敵対する者への攻撃のしかたは、父親から学んだのではないかとも思えた。

篤も稔同様、愛情を激しく求めてさまよっているように思えた。しかし、家庭環境の悪さが、稔以上に問題を深刻化させてしまった。私は篤に対しても、彼を受け入れ、共感的他者になろうと努力していくことにした。

〔6〕篤とつながる

◇先生の秘書

しかしながら篤とは、稔のような個人的な関係をなかなか結べなかった。休み時間には、チャイムと同時に外に飛び出して行く。私のそばにいるのは授業中だけであった。

篤と私が結び付くきっかけになったのは、六月の理科の授業のときである。立ち歩いている篤をつかまえて、「今日は先生の秘書をやってくれ」と頼むと、その時間喜んで秘書を引き受け、私の指示どおりに活動してくれた。みんなの前で活躍できたのが嬉しかったのか、次の日、私のところにやってきて、「今日も先生の秘書やるよ」と言って、いつの

まにか私の机の隣に自分の机を持ってきて、「今日から僕は先生の秘書です」と、みんなの前で宣言した。そこで、私は、

「まだ正式には秘書に採用しません。三日間、アルバイトをしてもらいます。仕事はつらいよ。イヤだったら、いつでもやめてもいいよ。でも、三日間やりきったら正式に秘書として採用します」

と話し、三日間の試用期間が始まった。ノートやナフキンを忘れた子への紙配り、シール切り、他のクラスへのお使い、忘れものをした子への対応等、喜んでやっていた。三日間、よくがんばり、正式に秘書として採用されることになった。

「秘書さん、紙を貸してください」「秘書さん、箸を忘れたので割り箸を貸してください」等、友だちの方から自分に関わってくれることが、とても嬉しかったようである。暇なときは、漫画を読んで過ごしていたが、授業中の立ち歩きはぐっと減っていった。また、二年生のプリントなどを用意し、「この書類を次の時間までに仕上げておいてください」などと言うと、自分からプリントをやるようにもなっていった。今まで自分から関わろうと思っても拒否され続けた篤にとっては、新しい世界であり、まともに自分に関わってくれる仲間との初めての出会いであった。

篤の秘書は、三週間ほど続いた。この秘書の期間中、友だちとのトラブルはぐっと減り、

授業中の立ち歩きもぐっと減っていった。七月いっぱい、休み時間は稔と関わり、授業中は篤と関わるというリズムが、自然とできあがっていった。

◆職場への呼びかけ

授業中は少しずつ落ち着きを取り戻してきた篤であったが、休み時間には学級の友だちといっしょに過ごすことはできずに、学級外での問題は引き続き起こしていた。上級生への悪口、下級生への暴力など、そのたびに私のところに、「篤くんがうちのクラスの子を殴ったので注意してほしい」という苦情があいついだ。私は、これらの外部からのプレッシャーに対して、職員会議で他の先生方に次のように依頼することで、私自身の指導の揺れを押さえていくことにした。

①篤の暴力は、他人と交わりたいと思う心の表れであり、人との交わり方が、非常にへたな子であること。また、それは、家庭環境が大きく影響していること。

②私自身、学級内での指導だけで精いっぱいであり、篤の指導については全職員でその重荷を背負っていってほしい。

③篤の問題に出合ったら、私に遠慮することなく指導してほしい、いろいろな先生方から、いろいろな指導を受けることが篤のためになると思う。

先生方が進んで関わってくれるようになったことで篤は少しずつ自分を安心して表現できる場所や人を校内に広げていった。それが、心を安定させていった。私自身も先生方の協力によって、押さえ込む指導をしなくてよくなったことが、彼との関係をよくしていったように思える。

〔7〕「うでずもう大会」で二人を学級の主人公に

四月以来、稔や篤をまきこんでのさまざまな学級行事に取り組んできた。班対抗替え歌大会、ドッジボール大会、ゲーム大会等、稔や篤はそれなりに楽しんでいたが、集団との関わりは薄く、集団の外側で楽しんでいるように思えた。

また、班の中での篤は、班の子に関わろうとするのであるが、その関わり方が「ものを取ったり」「からかったり」と幼稚なために、班の子から文句を言われることが多く、班での関わりを自ら閉ざしていった。だから休み時間のたびに、自分と対等に付き合える仲間を求め、一、二年の教室に出かけて行くのであった。

そこで、稔や篤が自分から進んで集団に働きかけ、集団も稔や篤の存在を認め合えるような取り組みとして班対抗「うでずもう大会」を班長会に提案した。このとき、学級では雨の日の遊びとして「うでずもう」がはやっており、稔や篤もときどきそれに参加してい

た。特に稔は力が強く、私にも何度か挑戦していた。班長会では、
T　稔くんや篤くんがここまで成長できたのは、君たちのおかげだよ。叱られても、悪口言われても二人のめんどうをよくみてくれたもんな。
C　稔くんはすげえよな。宿題もやってくるんだもんな。
C　朝自習も逃げださずにやるようになったしさ。
C　篤くんはまだだめだな。授業中も席に着いていないし、正男くんをすぐ殴るんだもん。
C　でも、私の言うことを聞いてくれるようになったよ。プリントもやってくれるし、前よりみんなの邪魔をしなくなったと思うけどな。
C　そう言えば、トイレにも行かなくなったもんな。
T　そうだよ。二人ともずいぶんがまんするちからがついてきたし、みんなといっしょに生活することができるようになってきたよ。でも、二人にまだ足りないのは、友だちが少ないことなんだよ。稔くんはいつも先生といっしょだし、篤くんも友だちが少ない。そこで、二人がもっとみんなと遊べるようなものをやりたいと思うけど、どうだろう。
T　うでずもう大会はどうかな。これなら稔くんは得意だし、ルールは簡単だし、絶対二人とも進んで取り組むと思うんだ。どうかな？

以上のような班長会での話を受けて、稔や篤が進んで友だちと遊べるようにすることをねらいとした「うでずもう大会」を行うこととした。取り組む内容は、次の三つである。

(一) 大会までに班での練習期間を三日間おく。

(二) 検定制度をつくる。全員が検定を受ける。

1級＝稔に勝った子。2級＝Aに勝った子。3級＝N子に勝った子。4級＝篤に勝った子。

(三) 他の班と練習試合を進んでやる。

練習期間の三日間、子どもたちは自分のちからを試そうと、進んで検定を受けた。稔や篤にも試合を挑む子が多く、彼らの前に順番ができるほどだった。特に篤には、四級の検定から受けることになっていたため、全員が試合を挑んでいた。篤は友だちの方から自分に関わってくれるのがうれしいらしく練習期間中、友だちの輪の中にいた。また、休み時間も学級の中で過ごしていた。稔は班の中で「うでずもうリーダー」に選ばれるなど、班の中でも活躍した。

大会当日、稔の班は優勝し、稔は個人戦でも優勝した。また、篤も審判をやるなど、みんなと同じ世界で楽しむことができた。

この「うでずもう大会」での一番の成果は、より多くの子どもたちを稔や篤に関わらせることができたことであり、また、そのことで、子どもたちの稔や篤に対する見方を少し変えることができたことである。

〔8〕　篤への追求

七月に入って、体育で跳び箱運動をやっているときに、篤は跳べない子に向かって悪口を言い続けていた。祐子のときには特にひどく、祐子は跳び終わった後に泣きだしてしまった。数人の女の子が祐子のまわりに集まり慰めていたので、私は、「篤に文句があるなら、ちゃんと言った方がいいよ」と、彼女らの思いを篤に言わせることにした。すると、女子全員が篤を取り囲み、祐子に謝るように迫っていった。

「どうしてあんなこと言うの」

「祐子さんが傷ついてんのがわかんないの」

「祐子さんにあやまんなさいよ」

最初は、祐子への悪口に対して問い詰めていたが、ふてくされてなかなか謝ろうとしない態度にいらだち始めた子どもたちは、いままでの篤に対する思いを言い始めた。

「今まで私たち、篤くんに悪口言われたってがまんしてたんだよ」

「授業中だって、篤くんがじゃましてもがまんしてたんだよ」

「祐子だって、篤くんにかけ算教えてあげたじゃない。篤くんのためにやってあげたことだっていっぱいあるのよ」

「どうして自分で悪いところをなおそうとしないのよ」

しだいに興奮し始めた子どもたちは、泣きながら今までの思いを一気に爆発させた。篤は表情をこわばらせて、じっと聞いていた。

一時間後、篤が祐子に謝ることで追求は終わったが、篤は私のところにそっと寄ってきて、

「先生、どうしてみんな泣いてるの。いつもと違うよ」

「篤が祐子さんに言った悪口が許せなかったんだよ」

「前にも（悪口）言ったけど、そんときはこんなことなかったよ。どうして今日はこうなの」

「今まではがまんしていたけど、今日はもうがまんできなかったんだよ。今まで篤は、みんなにすごくつらい思いをさせてきたんだよ」

篤は、みんなの涙の意味は理解できなかったが、初めて集団のちからを感じたようである。

この事件以来、子どもたちと篤との関係が、今までより自然な形になってきたように思

えた。篤が悪口を言うと、「私たちだって怒るとこわいんだからね」と、対等に言い争えるようになってきた。また、暴力をふるうと、それを止めに入る子もふえてきた。

この事件で篤は初めて集団の一員として認められ、対等な関係が結ばれたように思えた。また子どもたちの篤への眼差しからも少しずつ冷たさが消えていった。

〔9〕　子育てを共同で

◆テストへのこだわり

篤はほとんど授業の内容には興味を示さなかったが、テストになると異常な関心を示し、テストのときは席に着き、読めない字があると私を呼び、「この字なんて読むの。ふりがなつけて」と言ってきた。ノートなどはほとんど取らないのに、テストになるとまわりの子の答案を見ながらでも答を書こうとするのである。篤はなぜこれほどまでにテストにこだわるのだろうか。

篤は点数の低いテストは決して家に持ち帰ろうとしないが、高い点数のときには「五〇点以上取ったら五百円もらえるんだよ」「八〇点以上三回取ったらファミコン買ってもらえるんだよ」と私にうれしそうに話してくれた。

母親とは、今、篤に必要なことは何なのかについて何度か話し合い納得してもらったと思っていたが、まだ根強く能力主義が母親の意識には残っていたのだ。

取り組んだ成果が点数として表れてくれることを強く期待している母親の思いを考えると、底辺層の家庭にも拡大浸透している能力主義の脅威を強く感じた。いや底辺層であるからこそ、今の階層から抜け出すためには点数にこだわらざるをえないのだろう。

しかし、母親がテストの結果にこだわればこだわるほど、我が子への失望感と共に子育てのエネルギーを失っていくだろう。母親をこの能力主義の呪縛から解放しない限り、篤の自立はなしえないだろうと思えた。

◆母親と祖母との確執

篤の母親はこの地域の出身で、古くからこの地域に住んでいる人は母親の子ども時代のことをよく知っていた。そのうちの一人から話を聞くことができた。

「中学生のときは、ずいぶん荒れていたんですよ。髪の毛も染めていて、まわりの子からもずいぶん恐れられていた。そのときに比べると、今は母親らしくなってきたと思いますよ」

母親自身が学校から逸脱した経験を持っており、それだけに我が子に同じ思いをさせたくないという思いが強いのだろう。中学時代に荒れた経験を持つ母親が、今親として生きようとしている姿に感心した。雑巾を慣れぬ手つきで縫ってくるなど、母親として懸命に生きようとしていた。

子どもの成長をテストの結果で感じ取りたい理由はもう一つあった。それは、祖母の存在だった。篤にとって祖母は一番恐い存在だった。

「俺がテストの点数が悪いと、お母ちゃんがおばあちゃんにおこられるんだ。通知表もおばあちゃんが見るんだよ。だから持って帰りたくないんだよ」

祖母に対してツッパって生きてきた母親が、今また子どものことで祖母と対立していた。祖母に会って話してみると、祖母は母親の生き方に強い反発を感じているようだった。

「あの子は小さいときから恥ずかしいことばっかりやって、私の言うことなんかちっともきかなかった。中学時代は不良になって、もうどうしようもなかったんですよ。でも、結婚したら少しは立ち直ってくれるかなと思ったら、すぐに別れてしまうし、母親があだから篤もあんなふうになってしまったんですよ。成績も1ばかりで、あんな成績じゃ高校にも行けないでしょう」

祖母の話から、母親が祖母に対して何とか見返したい、いやそれよりも祖母に認めてほしいという思いが強いのではないかと思えた。母親も祖母の愛情を求めてさまよい続けたのだろう。祖母も、母親が小さいときには仕事が忙しくて、なかなか子どもの世話ができなかったという。

篤の子育てには祖母の影響が強く表れていた。日常的に篤と関わっていない祖母は、テストの結果と通知表の結果で篤を評価し、母親の子育てを評価していたのだ。

このような祖母の思いから母親が解放されたら、ずいぶんゆとりを持って子育てにあたれるのではないかと思い、今篤に必要なことについて祖母と話し合った。

一、二度の話し合いでは納得してもらえなかったが、篤のことについて影響力を持つ祖母と知り合い、私の考えを知ってもらえたことは成果であった。

母親も祖母も篤の成長を感じ取りたい思いは共通であろう。テストの結果だけでなく人と交わる能力や生活するわざの獲得など具体的な場面を通して成長した姿を伝えながら、あせらずに、篤に必要なちからについて共同して考えていきたいと思った。

◆母親の友だちづくり

母親は地域の中で孤立していた。中学時代に貼られたレッテルをはがせずに生きていた。さらに篤が地域の中でも問題を起こすので、地域の中でも孤立感を深めていた。子育ての悩みについて共に語り合える友だちがいたら、また違った子育ての道があったかもしれない。同世代の子を持つ親同士の輪の中に篤の母親を参加させ、その中で子育ての悩みなどを自由に話し合える仲間をつくりだせれば、一人で悩み続けるよりは精神的にずいぶん楽になるだろう。

しかし、そうは思っても母親の足は重く、授業参観には参加するようになったが、懇談会や親子合同の学級行事には参加しようとしなかった。

授業参観のときの篤は、〝よい子〟に変身した。うしろの母親の目を気にしながら、うれしそうに授業に参加していた。前の時間には席に着いていなかったのに、母親が来るとなると一時間〝よい子〟で頑張り抜いた。

篤に、「どうしてお母さんの前ではあんなによい子になるの。ちゃんとできるちからがあるんだね」と聞くと、「だってお母さんはこわいもん。先生はこわくないけど」と言いながらも表情はうれしそうだった。母親が恐いからしっかりやるだけでなく、母親の愛情を求めての行動であろうと受け止めることができた。

授業参観への母親の参加は、篤にとって母親の愛情を確認する場でもあった。私も篤の思いに添いながら、できる限り篤が活躍できる授業づくりをしていった。

授業参観に参加するようになった母親にさらに一歩踏み込んでもらうためには、母親を支えてあげる人が必要だった。そこで、同じ学級の親で母親にもっとも近い存在の人は誰なのか尋ねてみた。すると、母親は幼稚園がいっしょだった和田さんの名をあげてくれた。和田さんとならこだわりなく話ができるというのである。和田さんはもの静かな人で包容力のある人だった。

私はさっそく和田さんに連絡し、まずは学級の親子合同行事に誘ってもらうようにした。他の母親と身体的感情的交流を篤の母親にもしてほしかった。

夏休みに入ってから、篤の母親は市のアスレチック場での親子レクに初めて参加してくれた。和田さんのちからによるものだった。和田さんの無理のない誘い方がよかったのかもしれない。

◆親としての新たな出発

二学期に入り、学級実践の進展に合わせて篤と集団との関わりも深まり、母親もわが子の成長を感じ取れるようになっていった。そして二学期最初の懇談会に初めて参加してくれた。

懇談会では子どものようすについて交流し合うために一言コーナーを設けてあるが、その場で母親は我が子への思いを語ってくれた。

「三年生のときは迷惑をかけてばかりですみませんでした。四年生になって少しずつ落ち着いてくれて篤なりにがんばるようになったんです。友だちもできて本当に喜んでいます。まだ迷惑ばかりかけているけど、本当はやさしい子なんです。私が仕事から帰ってくると肩をもんでくれたり、お茶を入れてくれるんです。私が今まで篤のことを放っておいたからあんなふうになったけど、これからは私もあの子のことをうんと大事にしていきますから、みなさんよろしくお願いします」

母親は話しながら涙ぐんだ。この母親の話が、他の親との壁を低くしてくれた。この後のグループ懇談会では、他の親たちと楽しそうに話していた母親の笑顔が印象的だった。他の親も篤のことについて、「篤ちゃんはとってもよくあいさつしてくれるのよ。感心したんだから」などと話題にしてくれたり、母親に積極的に働きかけてくれるなど、親たちの暖かさが感じられた。

その後、母親は数回懇談会に参加し、少しずつ友だち関係を広げていった。

母親の友だち関係の広がりは、篤にも影響を与えていった。それまで篤に対して「問題のある子」「いたずらばかりする子」「我が子と遊ばせたくない子」という親たちの冷たい眼差しが消えていくにつれて、篤は安心して地域でも遊べるようになっていった。また、班の活動などで友だちの家にも行くようになった。

二学期のある日、母親は私にこんな話をしてくれた。

「夜の仕事を辞めることにしました。昼の仕事だけでは経済的に苦しいけど、篤のためにがんばってみます。今まで手を抜いた分を取り戻そうと思ってます。篤はやればできる子だから、私はあきらめません。先生」

〔10〕 自立の根拠地を求めて

◆職場の支え、学級の子どもたちの支え

一学期は、稔や篤との関係づくりに悪戦苦闘の日々であったが、少しずつ信頼関係が築かれていくにつれて、私の指導も受け入れられていった。

しかし、私の指導を支えたのは職場の仲間だった。いく度となく彼らの問題行動を力で押さえこもうという思いに駆り立てられたが、稔や篤の問題を暖かく見守り、彼らのわずかな成長をも認め励ましてくれた職場の仲間、私のゆっくりとした指導にも気長につき合い、結果よりも指導のプロセスを見守ってくれた職場の仲間がいたことが、彼らの共感的他者になるという当初の指導のねらいを貫くための大きなちからとなっていった。稔や篤はこのような先生方を通して学校の中に安心して自分を表現できる場所や人を広げていった。

そして、もう一つ、稔や篤の自立を支えたのは、学級の子どもたちだった。子どもたちは私を仲立ちにしながら彼らと結びついていった。子どもたちは本当に辛抱強く彼らと関わってくれた。

稔や篤は、荒れることで質・量共に不足していた愛情を、大人や仲間からもぎ取り心の安定を保とうとしていたのだろう。しかし、そんな彼らの思いを理解するためには、身体的・感情的交流を通して関わりながら、彼らについての事実をたくさんつかみだし、事実と事実をつなぎ合わせながら彼らの世界を読み取っていくちからが必要だった。子どもたちは稔や篤との関わりを通して確実にそのちからを獲得していった。最初は私の仲介を必要としたが、子どもたちには遊びというすばらしい武器がある。私の手を離れて遊びの世界で彼らとの世界を共有し、その世界を広げていった。学校生活の中で多少迷惑をかけてもその世界がある限り、彼らは差別され、孤立することはなかった。

こうして稔や篤は、教室内外に自分たちに関わってくれる時間・空間・仲間の三間を獲得しながら、自立の根拠地をつくりだしていくことができた。

◇親との関わりを通して

もう一つ、稔や篤の指導を貫くためには、家庭との連携が重要だった。

稔や篤も入学以来学校との出会いが悪かったために、屈折した形で学校というものへの身構えを固くしていた。そこで私は彼らの変化、彼らの良さを見つけ、それを伝えていった。それが信頼感を得る切り口になっていった。親は我が子の成長を感じ取ったときに、そしてその成長を共に感じ取ってくれる他者に出会ったときに、親としてのエネルギー源を取り戻していくのであった。

さらに、親の要求に根ざした実践が大切である。たとえその要求にずれを感じても当面はその要求を共有し合うことが必要である。そして、その要求を実現するために親は、そして教師は何をしなければならないかを共に知恵を出し合い、考え合うことが必要であろう。

また、現代の親は、子ども同様に孤立化を深めている。その中で親の仲間づくりを進める取り組みもこれからの実践の重要なテーマであろう。

実践❹

母と暮らすことを願い続けたA子の思い

——子どもの声を聴き取れる親・教師になるために

「先生、わたし、幸せになるね」

A子はこの言葉を残して学校を去って行った。

二年生のときに母親と別れ、兄姉と共に本校にやってきたA子は、転入当初から激しく荒れ続けていた。話しかけても下を向いて黙り続けた。授業中も廊下に出てみんなの体操着や上履き袋を放り投げたり、トイレに閉じこもったりと担任を困らせ続けていた。

私はA子と四年生で出会った。A子は運動面で優れたちからを発揮し、ドッジボールやポートボールではクラスの中心になって活躍するなど、クラスの中に居場所をつくりだしていった。

六月の国語の時間に、A子は次のような作文を書いてきた。

《私が大切にしているものはお母さん。今は会えないからがまんしています。でも、会いたいです。いつか会いたいです。お父さんにはないしょで夏休みに電話します……》

父親から、母親に会うことや電話することを強く禁止されていたが、内緒で母親に電話をして運動会の翌日に会う約束をしていた。そして、その喜びを日記で私に伝えてきた。

《運動会が終わったらお母さんに会えます。お母さんとくらせるかもしれません。他人のいない家でくらしたい……》

家には父親と交際している女性がやってくるという。私はひたすら聞き役に徹した。それしかできなかった。聞き手不足の中で育ってきたA子は話しながら言葉を取り戻し、母親への思いをさらに募らせていった。

運動会の翌日に母親と会ったA子は、一緒に暮らしたいという思いを一生懸命母親に伝えていった。そして、その思いを受け止めた母親は将来必ず一緒に暮らすことを約束したが、それまでは我慢してほしいということだった。

A子はこの約束を信じていたが待てなかった。教室でも落ち着きがなくなり、あれほど大好きだったポートボールにも意欲を示さなくなった。四年生の子どもにとって、母親との約束を父親に隠し続けることはつらいことであった。

一〇月のある日、ついにA子は自分の思いを父親に訴えた。父親は激怒し、母親と再び会うことを禁じたが、その思いを押さえられなかったA子は、父親とケンカをして、夜の一〇時頃家を飛び出し、近くの真っ暗なガソリンスタンドの中で母親が連れに来るまで一時間待ち続けた。両手には着替えをいっぱい入れた紙袋を持っていた。

この日から三日間、A子は学校を休んだ。

A子の思いをしっかりと聴き取った母親はすぐに一緒に暮らすことを決意し、暴力的な父親と冷静に話すためにファミレスで会うなど、できる限りの努力をした。当初、母親と会うことすら許さなかった父親が、親権を母親に譲ったのである。父親は、母親の強い決意とA子の思いを跳ね返すことはできなかった。

A子の一途な思いが大人たちを動かし、その思いを聴き取った大人たちがA子の最善の利益のために動いた。

転校の手続きのために母親と一緒にやってきたA子は、「お別れ会」に参加して、最後のあいさつで次のような言葉を残して学校を去って行った。

「私はこれからお母さんと暮らすことになりました。名字も変わります。みんなと別れるのはさびしいけど、お母さんと暮らせるのはうれしいです」

私が、「A子、幸せになれるといいね」と言うと、

「先生、わたし、幸せになるね」と、満面の笑顔で答えてくれた。

今、子どもたちは自分たちの声を真剣に聴き取り、それに誠実に応えてくれる大人を求めている。

実践❺

Yよ、なぜ荒れる

❖「超問題児」とされていた子

始業式の日に、Yは学校にやって来た。五年の三学期は、卒業式の日にだけ登校し、あとは休んでいたYである。（年間の欠席日数が、なんと一二〇日にもなるのである。）Yを見かけた先生方から、

「ひさしぶりだね、Yくん。元気だったの」

と声をかけられ、にこにこ顔のYであった。

六年生は始業式の翌日から入学式等の準備で忙しかったが、Yはずっと私の腕にしがみつき、どこにでもついてまわってきた。この二〜三日のようすからは、人なつっこく、かわいい子という印象であった。

このYが、入学以来「超問題児」とされていた子である。万引き、暴力、学校とび出し、車にペンキを塗る、注意をすると「ジジイ」「バカヤロ」と悪罵をつくなど学校中を騒がせ、関わった教師を疲労困憊させた子だった。学校側では、そのつど、何度も三者会談（校長・担任・親）を行なったが、その成果がなかなか現れないために、親は「学校にそんなに迷惑をかけるなら」と、Yを学校に行かせない（Y自身は行きたかったのだが）という方法をとったのである。

また、たまに学校に来ても教室にはほとんどいなかったために、クラスの子どもたちとの交わりは少なかった。その上「どんな問題を引き起こすかわからないYとは、あまり関わるな」という学年ぐるみの指導もあり、Yは同学年の子どもと交わるちからをほとんど失っていた。そんなYのいるクラスの担任は、「裁判沙汰も覚悟しなければならない」という話もあり、担任する教師がおらず、新しく転任してきた私にまわってきたのである。

❖素顔を見せ始めたY

一週間が過ぎると、Yは素顔を見せ始めた。私が授業を始めると教室内を立ち歩き、他の子のえんぴつや消しゴムを取りあげて口の中に入れたり、すわっている子に突然抱きついたりするのである。やられた子どもたちは、やられるままで黙っている。ときどきむきになって、「Y！　やめろよ」と叫ぶ子もいるが、Yは自分のしたいことに反応されたのがうれしいらしく、ますますおもしろがってやり続ける。私も思い余って、腕ずくで止めに入ると、大きな声で奇声を発するのである。まさに手のつけようのない状態であった。

四月の一～二週間は、授業不成立の状態であった。しかし、私としては、事前にその大変さを聞いていたこともあり、あまりイライラせずに、Yのようすや、Yと集団との関係をじっくりと観察することができた。

四月のようすから私は、Yについて次のように分析した。

①授業中は、私の関心をひくために荒れるのではないか。私の反応を期待しての荒れに見えた。

②授業中は、他の子は無抵抗のために、自分の思いどおりに相手を選び、関われる時間ではないか。授業中がYにとっては、唯一他の子と交わる時間になっているのだ。休み時間のYは、他の子から全く無視されており、私のそばに寄って来ては膝の上に乗ったり、抱きついてきたり、異常に甘えてくる。

❖家庭訪問でわかったこと

四月の第一回目の授業参観のときに、驚くべきことが起こった。給食のとき以外には、ほとんど席に着かずにいたYが、五校時のチャイムが鳴ると同時に席に着き、学習の準備をして待っていた。授業が始まっても立ち歩くこともせずに、グループ学習のときも、班の子たちといっしょに頭をよせ合って話し合いに参加している。また練習問題もやり（隣の子のを見ながらであるが）、私にマルをつけてくれとせがむのである。

四月にYが授業に参加したのは、このときだけであった。そのようすから私は、Yが母親を異常に恐れているのではないかと思った。そのことがはっきりしたのは、母親を学校に呼んで話したときである。私がYが教室をとび出すことがしばしばあるという話をすると、そばにいたYの頰をいきなり三発殴った。Yは必死に泣いて謝るのだが、母親は叱り続け、決して許すようすを見せないのだ。

その後、何度か家庭訪問をしているうちに母親も少しずつ心を開き始め、今までのYの育て方について話してくれるようになった。母親は、

「Yはひとりっ子であるが、五歳まではこの子を育てたという自覚がありません」

という。母親が嫁いだ先は農家で、農作業が忙しく、働きづくめで、Yの世話はすべて祖母がしたということである。母親の役目は授乳するときだけだったという。

Yが五歳になったときに、今の家に移ってきたが、小学校に入ると問題を起こし続け、教師からもまわりの親からも苦情が続くために、どうしようもなくYを殴るようになった

という。またYが高学年になるに従って、問題行動は校外にも広がるようになり、母親の殴り方も竹刀やバットを使うなど激しくなっていった。

母親は殴ることに対する反省はなく、Yを悪くしたのは学校にもあるという。プールに入れてもらえなかったり、学校に行っても机・イスがなかったり、通信簿をもらえなかったりしたことが、Yの性格をゆがませたのだと、学校に対する不信も言い続けた。

父親の方は、Yが四年生までトラックの運転手をしていたために帰りが遅く、子育てには全く関わらなかった。五年生になり、学校からの呼び出しが多くなると、Yの大変さを自覚し始め、仕事も辞めてYの世話をするようになったが、Yにとって父親の影響はほとんど感じられなかった。しかし、父親が唯一Yに教えたことがあった。それは釣りである。釣りについては、Yは専門的知識とわざをもっていた。

私はこれらの話をもとに、親に対しては次のように取り組んでいくことにした。

①Yの悪いことについては、五年生までの行動から十分にわかっていると思うので、こまごました問題は親に伝えない。そのかわりYの変化、Yの良さをできるだけ見つけるようにし、それを伝えていくことで、親との信頼関係をつくりあげ、Yを育てていく者として共同していく。

②親にYを殴ることをやめるように説得していく。

❖「釣り大会」で見せたYのちから

親にYの良さ、Yの成長を伝えていこうと、母親に対する方針を立てたが、その良さがなかなか発見できないYである。

五年生のときに、学校を休み続けたYが、六年生になり、四、五月と休まずに学校にやって来た。しかし、授業内容は全く理解できないために、授業が始まると教室をとびだし、校舎内をうろついた後にプールに出かけて行く。そして、そこで竹の棒を水面にかざし、釣りをする真似をして、午前中いっぱいを過ごすようになった。

だれもいないプールで釣り糸を垂れているYの横にすわり、

「Yよ、教室にもどると、どうしてあばれちゃうんだ」と尋ねると、

「ぼく、コンピュータがこわれちゃうんだよ」

と私に甘えるように答えるYである。こんなときのYは、実にいい表情をしており、私を拒まないのだ。しかし、いったんYを教室に連れて行き、席に着かせようとすると、とたんに荒れ出す。机をバラバラにする、本を投げる、ゴミ箱を蹴っとばす、まるで酔っぱらったように豹変するのである。一対一で話をしたときは、あんなに素直に話ができたYが、

「オーッ、先公、どうするんだよ、これから！」

と毒づいてみせるのである。こんなYにどう切り込んでいったらよいのか。

私はまずYの得意な「釣り」で結びついていくことにした。日曜日に希望者を募って「釣り大会」を計画すると、Yは二、三日前からみんなに持ち物を連絡したり、エサのことを心配したりするのである。Yにとっては、みんなといっしょに出かけることが相当うれしかったようだ。

「釣り大会」当日、Yは活躍した。自転車でみんなの先頭を走りながら、釣り場を捜したり、女の子にはエサをつけてあげたり、また私にも釣竿と缶コーヒーを用意してくれるなど、今まで学校では見せなかった別の姿を見せてくれた。この「釣り大会」で、Yの釣りのちからは学級の子どもたちの認めるところとなり、休み時間や放課後に他の子と遊ぶ場面が見られるようになってきた。

次に、「釣り大会」で見せたYのちからを、学級の中でも発揮させようと、世話好きの女子といっしょに、「釣り新聞」づくりに取り組ませてみた。すると、家からいっぱい釣りの本を持ってきて、女の子たちといっしょに「釣り新聞」づくりを始めたのである。私ができあがった新聞を印刷し、クラス全員に配ると、この新聞の発行が、よほどうれしかったらしく、近所の人や、通っている病院の先生にも配ったという。「釣り新聞」は、四号まで発行できた。

また、授業の中でもなんとかYの出番をつくるために、三校時の初めの一〇分間を「Yタイム」として、その時間はYを前に出して「釣り講座」や「クイズ」をさせることにしてみた。「クイズ」といっても、たわいもない内容であるが、子どもたちは、かなり乗ってくるのである。この時間だけはYが活躍できるときであった。だから二校時まで教室にいなくても、この時間だけは自分から帰ってくるようになった。この一〇分間だけは、Yが主人公なのである。

一〇分間が過ぎ、私が「Y、もういいか」と聞くと、素直にうなずいて不思議と安心したように一〇分間くらいは席に着いている。しかしその後はまた、フラフラと立ち歩き、女の子に抱きついたりするのであるが……。

Yは荒れながらも、友だちとのつながりを求めていた。

❖Yに安心感を与えた鏡行動

また、私はYが荒れたときに、それを異常行動と見るのではなく、Yなりの意味があり、その行動は絶対になおっていくのだということを子どもたちに訴え続けた。Yが教室をとび出したときには、

「今、Yはこれ以上教室にいたら、みんなに迷惑をかけると思って出て行ったんだよ。そしてプールで少し考えてくるんだよ。YはYなりにみんなのことを考えてると思うよ」

「Yは口でじょうずに言えないから暴れてしまったんだ。小さい子が泣きわめくのと同じなんだよ。Yの心の中を考えてあげるのが、君たちの役目なんだ」

こんな私の訴えの中で子どもたちにも、Yの荒れる理由を私といっしょに考えてくれる子が出てきた。

もう一つ、私とYとの結びつきを強くしたと思われるのは、私がYの鏡行動をとったことである。いままで休み時間に私のところに来ては、抱きついたり、キスをしてきたりしたのであるが、そのたびに、私ははねつけてきた。

しかし、はねつければはねつけるほど、Yはおもしろがって抱きついてくる。そこで、私は、Yをとことん好きになることが、Yの心を開いていくであろうと考え、Yが抱きついてきたら、はねつけずに抱きつき返す、寝そべったら、いっしょに寝そべるようにしてみた。

いままで、しつこく同じ行動をくり返してきたYが、私がやり返すと、すぐにやめるようになり、私のそばに来て話もするようになってきた。このやり方がYに安心感を与えたようであった。

このような取り組みの中で、表情も少しずつ穏やかになり、プールに行くことも少なくなり、授業妨害をすることも少なくなってきた。

授業中のYは、教室の隅でゴムボールを壁にぶつけながら、一人遊びをするようになった。「ポコン、ポコン」と、Yの投げたボールの音の低く響く教室で、私と他の子たちは、授業を続けることができるようになった。

❖Yへの「あやまれ」コール

今までは、Yの授業中の行動に対しては、他の子は完全に無視していた。Yが騒いでもちょっとやそっとでは動じない。むしろ私の方が、先にイライラしてしまう状態であった。しかし、私は無視するのでなく、嫌なことは嫌だ、「授業妨害はやめろ」と言わせようと考えた。

クラス全員の怒りをYに伝えるできごとが起こったのは、六月の中ごろである。Yの投げた棒が女の子の足に当たり、その子の足を切ってしまうということがあったときである。クラスのみんなは一斉に、

「Y、あやまれ、あやまれ」

と声をあげた。Yは一瞬たじろいで、どうしていいかわからなかったのだろう。身構え

てから、

「うるせえなあ！」

と叫んだ。するとみんなは負けずにやり返した。

「なんだ、その言い方は！　あやまれ！」

Yにとって初めての経験であった。Yは今までは私が強く注意したりすると大暴れすることが多くあり、このときも大暴れするかと思ったが、

「オレ、帰る、今日は帰る」

と言い残して教室を出て行った。その後、Yは校内を歩き回り、給食時に教室に戻って来ると、「ごめん」と謝ったのである。

私は、Yのこの行動を評価すると共に、本気でYに迫り、Yに、自分から謝らなければならないと思わせた集団の力を評価していった。

この事件をきっかけに、授業中のYと集団とのちから関係が逆転し、授業中に「授業妨害」をしようとすると、「Y、やめろよ」とYを制止するようになり、Yと対等に言い争うようになってきた。またそれが、Yと子どもたちとの交わりを自然な形にしたようである。休み時間もYといっしょに遊ぶ姿が見られるようにもなってきた。

私は、子どもたちのようすから、クラスがYにとって居場所となってきたように思えた。

事実、一学期後半には、プールに行くことはほとんどなくなり、教室がプールに代わって安心できる場所になってきたのである。

一学期の終業式の日に、母親からこんな手紙が届いた。

六年生になってはじめのころは落ち着きがなく、すぐおこったり、口をきかなかったり、部屋にとじこもったり、しばらくすると、口をきいてもらいたくてすぐ話しかけてきます。五年のときは、友だちともうまく遊べず、それがいやなのか人のものを取るようになり、家に帰らない日もなんどもありました。給食費を使いこんだり、先生のお金を取ったり、あやまりのれんぞくでした。

これ以上学校でめんどうみられないということで自宅におき、子どもの気持ちを聞きながらしどうしてきました。そのうちだんだんわかるようになり、こんどからは、ちゃんとやるといってくれました。今では、友だちともなかよく遊べるようになり、自分でもいけないと思うようになり、だいぶがまんする気持ちがでてきました。

ときどきは、くじけるけど、私もできるだけ子どもの気持ちをきいて少しずつなおしたいです。今では、一年間休まないでがんばるんだ、といっています。四、五年からくらべるとだいぶかわってきました。

❖修学旅行の参加をめざして

夏休みは、Yにとって楽しい日々であった。田舎で従兄弟と十分に遊び、好きな釣りも思いきりしたようである。

二学期が始まってからもYは、授業妨害をすることはほとんどないが、教室での立ち歩きはまだまだ続いていた。また、Yとクラスの子どもたちとのつながりも見られるようになってきたが、まだ私を仲介としてのつながり方である。

Yは毎朝、職員室の前で、朝の打ち合わせが終わって出て来る私を待っている。静かに朝自習に取り組んでいる教室に入れないのである。朝、Yといっしょに教室に行くのが日課になっていた。

一〇月には、修学旅行が予定されており、この修学旅行はYにとって魅力あるものにちがいない。私は、この修学旅行をYの指導のために役立てていくことにした。

まず、第一に、Yと次のことを約束した。修学旅行前、一週間で一日二時間計一二時間席について授業を受けることを目標にする。そして、目標の達成ぐあいがよくわかるように電車と客車の絵を描き、一時間席に着くごとに一つずつ客車に色をぬっていくことにした。

修学旅行を楽しみにしていたYは、修学旅行の前日に、この目標を達成した。四五分間席に着くことができるようになったのである。

心配していた修学旅行当日も、他に迷惑をかけることもなく過ごすことができた。五年生の林間学校では、一日中逃げまわり、好き勝手なことをしてまわりに迷惑のかけ通しだったYに比べると、大きな成長だったと思えた。

しかし修学旅行が終わり、目標がなくなったYは、ふたたび落ち着きを失い始めた。事務室や保健室で騒いだり、教室の後ろの水道で水遊びをしたりするなどして、席に着いていることができなくなってきた。

✣Yに突きつけた学級の判断

一一月に入り、いろいろ悩んだ末、私は子どもたちのちからを借りることにした。

「Yが教室内を立ち歩き、授業を妨害されて一番迷惑するのは君たちだと思う。そこで君たちが、Yが授業を受けることを認めれば受けさせるし、君たちが迷惑がかかるので困るということであれば、お母さんに電話をして、連れて帰ってもらうことにしたい。前の授業のようすをみて、次の授業を受けるのを認めるかどうか判断していくことにしよう」

子どもたちの評価を気にするYは、私のこの提案にすぐに乗ってきた。みんなから認められることを望んだYは、すぐに急激な変化を見せ始めた。

この作戦に取り組んでから二日間、Yは朝自習から四校時まで席に着き通すことができた。一時間ごとにみんなから評価されることが、よほどうれしかったようである。しかし、三日目の三校時に音楽（専科）があり、Yは全く席に着いていることができなかった。音楽室からもどってきた子どもたちは、

「先生、Yくん、今日は全然だめだったよ。勉強のじゃまばっかりしてるんだよ」

とYに授業妨害されたことを訴えてきた。

そこで、Yが次の四校時に授業を受けることを認めるかどうかについて話し合いをもった。子どもたちは、Yが良くなってきただけに、みんなの注意を聞かずに勝手なことをし続けることが相当ショックだったらしく、ほとんどの子が認めないというのである。

「音楽のときにYくんが立ち歩いて、ぼくは集中できなかったし、ここで認めるとYくんのわがままを許すことになるから認めるべきではないと思う」

しかし、班の子を中心にした八人は、Yを守ってくれた。

「Yくんは今日も二校時までがんばったし、教室にいるときは大丈夫だと思う。だから認めてあげてもいいと思う」

「Yくんは四月からくらべると、とても変わったと思う。音楽のときなんか音楽室にも

いなかったし、今日は立ち歩いたけど音楽室から出て行かなかったんだから、それだけががまんしたと思う」

「音楽のときに、おしゃべりして授業のじゃまをした人がいます。Yくんだけが許されないで、その人たちは許されるんですか」

一番迷惑をかけられていると思った班の子たちが、必死にYをかばってくれた。しかし、他の子はそれを認めようとしなかった。

「今までもぼくたちは、何度も許してきました。また許すと、また元のYくんにもどってしまいます。やはりもっと厳しくすべきです」

自分のことでクラスの友だちが、こんなに真剣に話し合う場面を見ることは初めての経験なのであろう。Yは、話し合いの最中、真剣な顔で聞いていた。

話し合いの結果、Yが四校時を受けることを認めないことになると、Yは暴れたりすることなく、黙ってカバンを背負って教室から出て行った。目には涙がたまっていた。私もどうすべきか迷ったが、今回は子どもたちの判断に任せることにした。

❖卒業前のY――不安定な心を抱えたままに

この話し合いは、Yに大きな影響を与えた。次の日、Yは六時間席に着き通したのである。また、休み時間も自分から進んで友だちの輪の中に入って行き、いっしょに遊んでいた。

この日を境に、Yの荒れが少なくなり、教室で席に着いているときがふえてきた。休み時間は、私のところに来て甘えるが、チャイムが鳴ると、自分から進んで席に着くのである。一学期に比べると本当に大きな変化であった。

また、家でも学校のようすを話すようになり、それが母親の心を和らげたようである。母親自身もYをほめることが多くなったという。この母親の心の安定がYを落ち着かせたとも思われる。Yは母親の愛情を激しく求めていたのである。

このYの変化は、クラスの子どもたちも認めるようになり、Yへの働きかけも多くなり、班勉強にも誘うようになった。さらに、二学期まとめの会では「歴史劇」に取り組んだが、Yの班は、Yを弁慶にした「源義経」に取り組み、その練習をYの家でやるなど、Yを巻き込んだ取り組みへと発展していった。

二学期は、Yが大きな変化を見せた時期である。Yも仲間からの評価を求め、仲間との交わりを求めていたのである。それを断ち切られたときにYは荒れるのである。

三学期に入っても、Yは絵を描いたり、絵本を読んだりではあるが、なんとか席に着けるようになり、私も子どもたちもYの成長を喜んでいた。しかし、二月に入り、卒業式・

謝恩会などの行事を前に学級が急に忙しくなると、Yは落ち着きを失い始めた。また、子どもたちの多くが私立中学校を受験するために、放課後などにYと遊ぶ子も少なくなってきた。

さらに、二月後半から始まった学年合同の謝恩会や卒業式の練習に、Yは全く参加できず、校庭や花壇で水遊びをして過ごすようになった。そして、卒業の二週間前には、家出をしたのである。夜の一〇時頃に、お菓子の袋をぶら下げて歩いているところを見つかったYは、「知らないところまで歩いて行きたかった」と私に話してくれた。

卒業前の忙しさの中で、私や友だちとの結びつきが薄くなったYの心は、不安定になっていた。Yはこの行動を通して、私やクラスの友だちに関わりを求めて信号を送っていた。しかし、私や子どもたちにはもう一度Yを教室にもどす時間もちからも残っていなかった。

卒業一週間前になると「卒業記念をつくるんだ」と工事現場からブロックをもってきて、花壇づくりを始めた。卒業までに間に合わせるのだと一生懸命に取り組んでいたように思えた。花壇は卒業前日にできあがり、そこにはスイートピーが植えてあった。

Yは卒業して行ったが、このYとの一年間は、Yへ変革を迫りながら、実は私自身の変革を迫られた一年間であった気がする。私の手から離れたYにはこれからの人生を強く生きぬいてほしいと願うばかりである。

あとがき

私が初めて担任した学級の中には、重い課題を抱えた子どもたちがたくさんいました。注意されるといじけてオルガンの下に閉じこもる子ども、キレると私の腕に噛みつき離れない子どもなど、今思うとよく一年間やりきれたものだと思います。それでも、学校に行くのは楽しかったのです。毎日トラブルが続いていましたが、子どもと会うのはイヤではありませんでした。

私が意欲を失わずに教師をやりきれたのは、市の生活指導サークルとの出会いがあったからです。サークルで学んだゲームや班競争の方法などを学級ですぐにやってみました。すると、学級がどんどん変わっていくのです。いや、変わっていくようにみえたのです。きっと、子どもたちが私につきあってくれたのでしょうが、指導が成立していく喜びを感じることができました。サークルの仲間からは「すぐやる課」と呼ばれるようにもなりました。

当時の学校はまだ自由な雰囲気があり、授業中に近くの江戸川まで散歩して川辺でカニを捕まえたり、休みの日には釣り好きの子どもたちといっしょにハゼ釣りを楽しんだりしました。今の学校では考えられないことです。

また、放課後は職場の先生方五～六名で行っていた「のびっこ」という遅進児指導教室にも参加しました。学校の近くの神社の集会所を借りて週に一度、無料で、算数の苦手な子二〇名ほど集めてゲームなどで楽しみながら、計算力アップに取り組みました。

この「のびっこ」は一〇年ほど続けることができました。ここでも遅進児指導のあり方や、楽しく学ぶ方法などたくさんのことを学ぶことができました。さらに、実践の悩みやグチを話せる同僚に出会えたことも教師として私の大きな支えになりました。

夏休みにはサークルの仲間と共に実験学校としての「ひまわり学校」を開催し、優れた教師の指導を間近に見られたことは私の大きな財産になりました。総会、班長会、班会議の指導など、しっかりと指導構想を立てて指導することの大切さや、子どもの行動の背景を読み取るちからの大切さなどを具体的な実践場面を通して学ぶことができたのです。このように若いときに学んだことがその後、教師としての生きるちからになっていきました。

しかし、長い教師生活の中でたくさんの失敗もしました。辛いこともありました。「うるせえ」「やりたくねえ」「じじい」など、教師の心をぼろぼろにする子どもの言葉、子どもの反抗的な態度。心も身体も壊れていきそうで、夜もその子のことが頭から離れず、眠れない日が続いたこともあります。

そんなときに私を支えてくれたのは、サークルの仲間であり、職場の同僚でした。教師の悩みや苦しみは、教師を育てるちからになります。何事も器用にこなし、悩むこともなく仕事のできる教師は、子どもの悩みや苦しみにも出会うことなく、毎日が過ぎていきます。不器用な教師は失敗も多く、毎日が苦しみの連続ですが、教師は不器用な人間の方がいいのです。失敗の数だけ学べるのですから。

教師にとって最も必要なことは、学び続けるちからです。子どもから学び続けることです。学び続けることが、教師であり続けるちからになるのです。

最後になりましたが、イラストで実践のイメージを豊かにしてくださった漫画家の広中建次さんと、最後まで本書の刊行のためにご尽力頂いた高文研の金子さとみさんに心からお礼申し上げます。ありがとうございました。

二〇一三年一月

齋藤　修

齋藤　修（さいとう・おさむ）
1953年、福島県に生まれる。1978年から千葉県の公立小学校に勤務。全国生活指導研究協議会常任委員。著書に『授業を見直す16ポイント 信頼を育む9つのわざ』（高文研）、共著書に『荒れる小学生をどうするか』（大月書店）『子ども集団づくり入門』（明治図書）『教師を拒否する子、友達と遊べない子』（高文研）『学級崩壊』（高文研）がある。

〝遊び心〟で明るい学級
学級担任「10」のわざ

●二〇一三年　三　月　一　日――――第一刷発行
●二〇一七年一〇月二〇日――――第三刷発行

著　者／**齋藤　修**

発行所／株式会社 **高文研**
東京都千代田区猿楽町二―一―八
三恵ビル（〒一〇一―〇〇六四）
電話03＝3295＝3415
http://www.koubunken.co.jp

印刷・製本／精文堂印刷株式会社

★万一、乱丁・落丁があったときは、送料当方負担でお取りかえいたします。

ISBN978-4-87498-506-9　C0037